Christian Schlieder

Autodesk® Inventor® 2016
DYNAMISCHE SIMULATION

Viele praktische Übungen am
Konstruktionsobjekt RADLADER

Christian Schlieder

Autodesk® Inventor® 2016
DYNAMISCHE SIMULATION

Viele praktische Übungen am
Konstruktionsobjekt RADLADER

Weitere Literatur

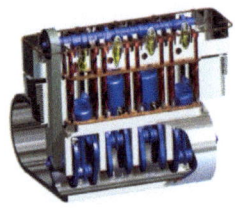

Autodesk® Inventor® - Grundlagen in Theorie und Praxis

Das Grundlagenbuch vermittelt das notwendige Basiswissen in den Bereichen 2D-Skizze, 3D-Modellierung, Baugruppe, Zeichnungserstellung und Präsentation, um den Aufbaukurs KONSTRUKTION bearbeiten zu können.

Autodesk® Inventor® - Aufbaukurs KONSTRUKTION

Dieses Buch ist ein Aufbaukurs für Fortgeschrittene, die mit den Grundlagen des Programms bereits vertraut sind. In einem komplexen Übungsbeispiel wird der 4-Takt-Motor aus dem Grundlagenbuch um ein komplettes Getriebe erweitert.

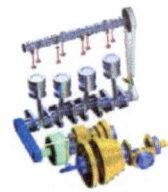

Autodesk® Inventor® - Tutorial HUBSCHRAUBER

In diesem Tutorial wird ein Hubschrauber konstruiert. Das Buch ist für Neueinsteiger geschrieben worden. Inhalt: Projektverwaltung, Skizzen, Modelle, Baugruppen, Inhaltscenter.

Autodesk® Inventor® - Tutorial HOLZRÜCKMASCHINE

In diesem Tutorial wird eine Holzrückmaschine konstruiert. Das Buch ist für Neueinsteiger geschrieben worden. Inhalt: Projektverwaltung, Skizzen, Modelle, Baugruppen, Inhaltscenter.

Autodesk® AutoCAD® - Grundlagen in Theorie und Praxis

Mit diesem Buch wird der Leser anhand des komplexen Übungsbeispiels Digitale Fabrikplanung das Programm Autodesk® AutoCAD® kennenlernen. Das Projekt wird im 2D-Bereich gezeichnet und danach in den 3D-Bereich übertragen.

Mehr im Internet unter:
http://www.cad-trainings.de/html/Literatur.html

Alle im Buch enthaltenen Informationen wurden nach bestem Wissen und Gewissen geprüft.

Da Fehler nicht ausgeschlossen werden können, übernehmen Autor und Verlag weder Verantwortungen, Verpflichtungen oder Garantien jeglicher Art, noch Haftung für die Benutzung der bereitgestellten Informationen. Autor und Verlag übernehmen keine Gewähr dafür, dass die beschriebenen Vorgehensweisen oder Verfahren frei von Rechten Dritter sind.

Das Werk ist urheberrechtlich geschützt. Übersetzung, Nachdruck, Vervielfältigung, sonstige Verarbeitung des Buches oder von Teilen daraus sind ohne Genehmigung des Autors nicht erlaubt.

Autodesk® Inventor® 2016 ist ein eingetragenes Markenzeichen von Autodesk, Inc. und/ oder seiner Tochtergesellschaften und/ oder der Tochterunternehmen in den USA und anderen Ländern.

© 2016 Christian Schlieder

ISBN

978-3-7412-0996-3

IMPRESSUM

Dipl.- Ing. Christian Schlieder
www.cad-trainings.de
Fax: +49 (0) 3212 - 1122290

HERSTELLUNG UND VERLAG

BoD - Books on Demand, Norderstedt
www.BoD.de

INHALTSVERZEICHNIS

1	GRUNDLEGENDES ZUM BUCH	7
2	INSTALLATION VON AUTODESK® INVENTOR® 2016	8
2.1	Systemanforderungen	8
2.2	Anforderungen an das Betriebssystem	9
2.3	Download des Programmes	9
2.4	Installationsvoraussetzungen	10
2.5	Installation von Autodesk® Inventor® 2016	11
2.6	Aktivierung von Autodesk® Inventor® 2016	11
3	PROGRAMMAUFBAU UND PROGRAMMOBERFLÄCHE	13
3.1	Programmaufbau	13
3.2	Hauptmenü	14
3.3	Schnellzugriff-Werkzeuge	15
3.4	Multifunktionsleiste	15
3.5	Modellbaum (Browser)	16
3.6	Arbeitsbereich	17
3.6.1	Startbildschirm	17
4	DIE ERSTEN SCHRITTE	18
4.1	Programmhilfe und Neue Funktionen	18
4.2	Videos und Lernprogramme	19

4.3	Zusatzmodule (empfohlene Einstellungen)	20
4.4	Anwendungsoptionen (empfohlene Einstellungen)	21

5	**GRUNDLEGENDE VORBEREITUNGEN**	**31**
5.1	Aktivierung des Einzelbenutzerprojektes	31
5.2	Download der Übungsdateien	31
5.3	Aktivierung des Einzelbenutzerprojektes	31

6	**DIE MONTAGE DES RADLADERS IM BAUGRUPPENBEREICH**	**34**
6.1	Die Baugruppe im Überblick	34
6.2	Öffnen der Baugruppendatei	35

7	**DIE UMGEBUNG DER DYNAMISCHEN SIMULATION**	**36**
7.1	Die Baugruppenumgebung und die Dynamische Simulation	36
7.1.1	Freiheitsgrade im Bereich der Baugruppenmodellierung	36
7.1.2	Freiheitsgrade im Bereich der Dynamischen Simulation	36
7.1.3	Möglichkeiten in der Dynamischen Simulation	36
7.2	Starten der Dynamischen Simulation	37
7.3	Grundlegender Aufbau der Dynamischen Simulation	37
7.3.1	Das Lernprogramm	37
7.3.2	Die Befehlsgruppen	39
7.3.3	Der Browser	41
7.4	Die Simulationseinstellungen	42
7.4.1	Grundlagen: Simulationseinstellungen	42
7.4.2	Abhängigkeiten in Gelenkverbindungen konvertieren	42
7.4.3	Kontrollieren der Simulationseinstellungen	43

7.5	**Manuelle und automatische Simulation**	**44**
7.5.1	Grundlagen: Dynamische Bauteilbewegung (manuelle Simulation)	44
7.5.2	Grundlagen: Simulationswiedergabe (automatische Simulation)	44
7.5.3	Ausführen der Simulation	45
7.6	**Definieren der Schwerkraft**	**46**
7.6.1	Die Normalfallbeschleunigung	46
7.6.2	Ausführen und Aufzeichnen der Simulation	47
7.7	**Begrenzen der Hubbewegung**	**49**
7.7.1	Festlegen der Grenzwerte für die Hubbewegung	49
7.7.2	Ausführen und Aufzeichnen der Simulation	51
7.8	**Begrenzen der Kippbewegung**	**52**
7.8.1	Grundlagen: Gelenke in der Dynamischen Simulation	52
7.8.2	Grundlagen: 3D-Kontakt	55
7.8.3	Einfügen eines 3D-Kontaktes	56
7.8.4	Bearbeiten vorhandener Gelenke	57
7.8.5	Ausführen und Aufzeichnen der Simulation	58
7.9	**Dämpfen der Hub- und Kippbewegungen**	**59**
7.9.1	Dämpfen der Hubzylinder	59
7.9.2	Dämpfen des Kippzylinders	61
7.9.3	Ausführen und Aufzeichnen der Simulation	62
7.10	**Definition der Reibungskoeffizienten**	**63**
7.10.1	Drehgelenke mit Reibungskoeffizient und Reibradius versehen	63
7.11	**Die Bodenplatte**	**65**
7.11.1	Platzieren und Ausrichten der Bodenplatte	65
7.11.2	Ausrichten der Bodenplatte am Radlader	66
7.11.3	Ausführen und Aufzeichnen der Simulation	67
7.12	**2D-Kontakt zwischen Schaufel und Bodenplatte erzeugen**	**68**
7.12.1	Grundlagen: 2D-Kontakt	68
7.12.2	Platzieren des 2D-Kontaktes	69
7.12.3	Bearbeiten vorhandener 2D-Kontakte	70
7.12.4	Ausführen und Aufzeichnen der Simulation	71

7.13 Einfügen eines Feder-Dämpfer-Systems — 72
- 7.13.1 Grundlagen: Feder/ Dämpfung/ Buchse — 72
- 7.13.2 Platzieren des Federsystems — 73
- 7.13.3 Bearbeiten des Federsystems — 74

7.14 Schraubverbindungen — 75
- 7.14.1 Öffnen der Baugruppe — 75
- 7.14.2 Positionieren der Sechskantmutter — 76
- 7.14.3 Grundlagen: Schraube — 77
- 7.14.4 Einfügen eines Schraubgelenks — 78
- 7.14.5 Ausführen und Aufzeichnen der Simulation — 80

7.15 Rollbewegung eines Rades — 81
- 7.15.1 Öffnen der Baugruppe — 81
- 7.15.2 Ausführen und Aufzeichnen der Simulation — 82
- 7.15.3 Grundlagen: Rollgelenk Zylinder in Zylinder — 83
- 7.15.4 Einfügen eines Rollgelenks — 83
- 7.15.5 Ausführen und Aufzeichnen der Simulation — 84
- 7.15.6 Bearbeiten des Rollgelenk-Wirkungsgrades — 85
- 7.15.7 Ausführen und Aufzeichnen der Simulation — 86

7.16 Parameter in der Dynamischen Simulation — 87
- 7.16.1 Öffnen der Baugruppe — 87
- 7.16.2 Definition des Parameters Dämpfung (Kippzylinder) — 87
- 7.16.3 Definition des Parameters Dämpfung (Hubzylinder) — 88
- 7.16.4 Dämpfungsparameter der Hubzylinder miteinander verknüpfen — 91
- 7.16.5 Dämpfungsparameter des Kippzylinders mit Werten versehen — 93
- 7.16.6 Dämpfungsparameter des Kippzylinders ändern — 94
- 7.16.7 Ausführen und Aufzeichnen der Simulation — 94
- 7.16.8 Dämpfungsparameter der Hubzylinder ändern — 95
- 7.16.9 Ausführen und Aufzeichnen der Simulation — 96

7.17 Mechanismus und Redundanzen — 97
- 7.17.1 Speichern einer Kopie der Baugruppe — 97
- 7.17.2 Grundlagen: Status des Mechanismus — 97
- 7.17.3 Abrufen der aktuellen Modellinformationen — 98

7.18 Korrektur vorhandener Redundanzen — 102
- 7.18.1 Korrekturmöglichkeiten — 102
- 7.18.2 Löschen überflüssiger Bauteile — 103
- 7.18.3 Überprüfung von Mechanismus und Redundanzen — 105
- 7.18.4 Grundlagen: Vereinfachtes Bauteil erstellen — 106
- 7.18.5 Vereinfachen von Kipphebel, Kippschwinge und Schaufel — 107
- 7.18.6 Vereinfache Komponente platzieren — 109
- 7.18.7 Überprüfung von Mechanismus und Redundanzen — 113
- 7.18.8 Gelenkverbindungen austauschen — 114
- 7.18.9 Überprüfung von Mechanismus und Redundanzen — 114
- 7.18.10 Gelenkverbindungen durch Abhängigkeiten ersetzen — 115
- 7.18.11 Überprüfung von Mechanismus und Redundanzen — 116

7.19 Aktivierung festgelegter Bewegungen — 117
- 7.19.1 Grundlagen: Festgelegte Bewegung — 117

7.20 Gleichförmige Translation — 118
- 7.20.1 Hubzylinder mit konstanter Geschwindigkeit beaufschlagen — 118
- 7.20.2 Ausführen und Aufzeichnen der Simulation — 119

7.21 Gleichmäßig beschleunigte Translation — 120
- 7.21.1 Grundlagen: Gelenkkraft — 120
- 7.21.2 Hubzylinder gleichmäßig beschleunigen — 120
- 7.21.3 Ausführen und Aufzeichnen der Simulation — 123

7.22 Ungleichmäßig beschleunigte Translation — 124
- 7.22.1 Hubzylinder ungleichmäßig beschleunigen — 124
- 7.22.2 Ausführen und Aufzeichnen der Simulation — 126

7.23 Unbekannte Kräfte — 127
- 7.23.1 Grundlagen Unbekannte Kraft — 127
- 7.23.2 Gelenkkraft durch festgelegte Bewegung ersetzen — 127
- 7.23.3 Unbekannte Kraft definieren und Simulation ausführen — 129

7.24 Ausgabediagramm — 132
- 7.24.1 Grundlagen: Ausgabediagramm — 132
- 7.24.2 Kraft im Hubzylinder unter Eigenlast ermitteln — 132
- 7.24.3 Ergebnisse speichern und exportieren — 135

7.25 Externe Kräfte — 136
- 7.25.1 Grundlagen: Kraft und Drehmoment — 136
- 7.25.2 Zusätzliche Kräfte einfügen — 136
- 7.25.3 Ausführen und Aufzeichnen der Simulation — 137

7.26 Spuren — 138
- 7.26.1 Grundlagen: Spur — 138
- 7.26.2 Spur einfügen — 138
- 7.26.3 Ausführen und Aufzeichnen der Simulation — 139

7.27 Simulationsergebnisse nach FEM exportieren — 139
- 7.27.1 Grundlagen: Simulationsergebnisse für FEM vorbereiten — 139
- 7.27.2 Zeitschritte erzeugen — 140
- 7.27.3 Bauteile und Flächen auswählen — 141

7.28 Simulation der exportierten Ergebnisse — 143
- 7.28.1 Öffnen der Belastungsanalyse — 143
- 7.28.2 Erstellen der neuen Simulation — 144
- 7.28.3 Material zuweisen — 145
- 7.28.4 Ausführen der Simulation — 146

8 SCHLUSSWORT — 148

9 INDEX — 149

1 Grundlegendes zum Buch

Dieses Buch ist ein Aufbaukurs für Fortgeschrittene, die mit den Grundlagen von **Autodesk® Inventor® 2016** bereits vertraut sind. Es wird empfohlen, vor der Arbeit mit diesem Buch das dazugehörige Grundlagenbuch

> **Autodesk® Inventor® 2016 – Grundlagen in Theorie und Praxis**

vollständig durchzuarbeiten.

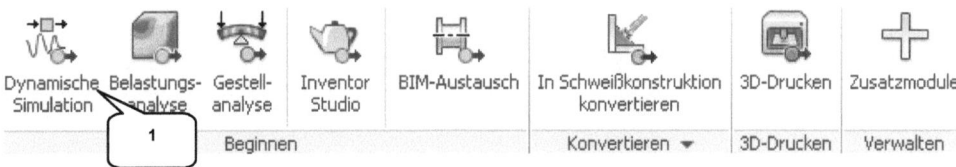

Das Programm verfügt über einen Bereich der **Dynamischen Simulation** (1), in welchem komplexe Baugruppen analysiert und simuliert werden können. Hier gibt es die Möglichkeit, externe Kräfte und Drehmomente auf die Baugruppe wirken zu lassen und die resultierenden Ergebnisse zu analysieren.

Die Berechnungsergebnisse können anschließend in den FEM-Bereich exportiert und dort weiter bearbeitet werden.

Die folgenden Befehle der Dynamischen Simulation werden behandelt:

> *Gelenk einfügen*
> *Abhängigkeiten ableiten*
> *Status des Mechanismus*
> *Kraft*
> *Drehmoment*
> *Ausgabediagramm*
> *Dynamische Bewegung*

> *Unbekannte Kraft*
> *Spur*
> *Film publizieren*
> *Simulationseinstellungen*
> *Simulationswiedergabe*
> *Exportieren nach FEM*

Das Übungsbeispiel bietet genügend Möglichkeiten, die Befehlsketten sporadisch zu verlassen und eigene Versuche zu starten, was dem Anwender auch empfohlen wird. Sollte die Baugruppe dabei irreparabel zerstört werden, kann ersatzweise die im Downloadordner enthaltene Kopie der Baugruppe verwendet werden.

2 Installation von Autodesk® Inventor® 2016

2.1 Systemanforderungen

Die folgenden von Autodesk® empfohlenen Systemanforderungen gelten für Bauteile und Baugruppen mit weniger als 1000 Bauteilen:

Betriebssystem	Mindestens: 32-Bit Microsoft® Windows® 7 mit Service Pack 1 Empfohlen: 64-Bit-Microsoft® Windows® 7 mit Service Pack 1 oder Windows 8. 1
CPU-Typ	Mindestens: 64-Bit Intel® oder AMD® mit 2 GHz Empfohlen: Intel® Xeon® E3 oder Core® i7 oder min. 3 GHz
Arbeitsspeicher	Mindestens: 8 GB RAM Empfohlen: 16 GB Ram oder mehr
Festplatte	Mindestens: 100 GB freier Festplattenspeicher Empfohlen: 250 GB freier Festplattenspeicher oder mehr
Grafikkarte	Mindestens: Microsoft® Direct3D 10 fähige Grafikkarte Empfohlen: Microsoft® Direct3D 11 fähige Grafikkarte
Sonstiges	DVD-ROM oder USB, 1280 x 1024 oder höhere Bildschirmauflösung, Internetverbindung für Autodesk® 360-Funktionalität, Web-Downloads und Zugriff auf die Subskriptionsüberprüfung, Adobe® Flash® Player 15, Microsoft® Internet Explorer® 8 oder höher, Microsoft® Excel® 2007, 2010 oder 2013 für iFeatures, iParts, iAssemblies, Gewindeanpassungen, globale Stückliste, Teilelisten, Revisionstabellen und tabellenbasierte Konstruktionen, 64-Bit-Microsoft® Office® Access® 2007, -dBase IV, Text und CSV-Format, Microsoft® .NET Framework 4. 5

2.2 Anforderungen an das Betriebssystem

Die Installation von Autodesk® Inventor® 2016 erfordert ein Windows® Betriebssystem. Nutzer eines Apple® Betriebssystems, können das Programm mithilfe von Boot Camp® oder Parallels Desktop® unter Beachtung der folgenden Systemvoraussetzungen installieren:

Betriebssystem	Mindestens: Mac OS® X 10.9.x
	Empfohlen: Mac OS® X 10. 10.x
CPU-Typ	Mindestens: Intel® Core 2 Duo (3 GHz oder höher)
Arbeitsspeicher	Mindestens: 8 GB RAM
	Empfohlen: 16 GB Ram oder mehr
Partitionsgröße	Mindestens: 100 GB freier Festplattenspeicher
Partitionsgröße	Empfohlen: 250 GB freier Festplattenspeicher oder mehr
Betriebssystem	Empfohlen: Microsoft® 64-Bit-Windows® 7 mit Service Pack 1, Windows® 8. 1

2.3 Download des Programmes

Sollten Sie die Software nicht bereits per DVD besitzen, haben Sie die folgenden Möglichkeiten, Autodesk®-Produkte unter den folgenden Links herunterzuladen:

Autodesk® Store	Wenn Sie die Programmversion kaufen möchten: ➤ http://www.autodesk.com/store/storeselect.htm
Autodesk®- Konto	Als Subscription-Kunde bei Ihrem Autodesk® Konto: ➤ https://accounts.autodesk.com/
Education Community	Als Mitglied der Education Community: ➤ http://www.autodesk.com/education/free-software/all
Kostenlose Testversionen	Als kostenlose Testversion mit 30 Tagen Laufzeit: ➤ http://www.autodesk.com/free-trials

Unter dem folgenden Link finden Sie weitere Informationen zu kostenlosen Programmversionen von Autodesk® für Studenten und Lehrkräfte:

➤ http://help.autodesk.com/view/INVNTOR/2016/DEU/?guid=GUID-32F591DA-32BF-42F2-8FAC-DF215412D1C3

2.4 Installationsvoraussetzungen

Zugriffsrechte

Sie müssen über lokale Benutzer-Administratorrechte verfügen.

> ➢ **Systemsteuerung > Benutzerkonten > Benutzerkonten verwalten**

System-Updates/ Antivirenprogramm

Vor der Installation von Autodesk® Inventor® 2016 sollten eventuell noch ausstehende Updates von Windows® durchgeführt werden. Starten Sie den Rechner danach neu. Antivirenprogramme müssen während der Installation eventuell vorübergehend deaktiviert werden.

Language Packs

Prüfen Sie vor der Installation von Autodesk® Inventor® 2016, ob die heruntergeladene Programmversion in der richtigen Sprache vorhanden ist. Eventuell muss vorab ein Sprachpaket heruntergeladen und installiert werden.

Seriennummer/ Produktschlüssel

Vor der Installation sollten Seriennummer und Produktschlüssel in Erfahrung gebracht werden. Diese werden bereits während der Installation benötigt (Ausnahme: kostenlose Testversion). Weitere Informationen zum Thema finden Sie unter dem Link:

> ➢ http://help.autodesk.com/cloudhelp/2016/DEU/Autodesk-Installaton/files/find_your_serial_number_and_product_key_evergreeninstall_to1.htm

Beenden anderer Programme

Alle anderen Programme sind vor der Installation von Autodesk® Inventor® 2016 zu beenden.

2.5 Installation von Autodesk® Inventor® 2016

Vor der Installation von Autodesk® Inventor® 2016 ist sicherzustellen, dass alle Teile des Programms vorhanden sind. Wurden diese vollständig heruntergeladen (Schritt entfällt, wenn die Software auf DVD vorhanden ist), kann mit der Installation begonnen werden. Sollte das Installationsprogramm noch nicht geöffnet sein, muss es jetzt gestartet werden. Es befindet sich für gewöhnlich im Pfad:

> *C:\Autodesk\Inventor_2016_...\Setup.exe*

Nachdem die Lizenzvereinbarung gelesen und akzeptiert wurde, muss im Dropdown-Menü mit den Produktsprachen einer der folgenden Schritte durchgeführt werden:

1) Wählen Sie eine Sprache aus.
2) Wählen Sie unter Lizenztyp die Option *Einzelplatz*.
3) Geben Sie Seriennummer und Produktschlüssel ein (falls erforderlich).
4) Bestimmen Sie den Installationspfad (dieser Pfad darf maximal 260 Zeichen lang sein).
5) Übernehmen Sie die vorgegebene Konfiguration oder passen Sie die Installation an (weitere Informationen zur Konfiguration finden Sie in der Produktdokumentation).
6) Klicken Sie auf *Installieren*.
7) Nach der Installation: Klicken Sie auf *Fertigstellen*.

2.6 Aktivierung von Autodesk® Inventor® 2016

Online aktivieren und registrieren

Sobald Autodesk® Inventor® 2016 das erste Mal gestartet wurden, startet auch automatisch der Aktivierungsvorgang. Sollte der PC über eine bestehende Internetverbindung verfügen, führen Sie die folgenden Schritte aus:

1) Achten Sie darauf, dass Ihre Firewall den Datenaustausch zwischen Autodesk® Inventor® 2016 und dem Server von Autodesk® nicht unterbricht.
2) Starten Sie Autodesk® Inventor® 2016.
3) Stimmen Sie den Datenschutzrichtlinien zu.
4) Klicken Sie auf *Aktivieren*.
5) Geben Sie den Produktschlüssel ein, wenn Sie dazu aufgefordert werden sollten. Melden Sie sich an und registrieren Sie das Produkt.

Autodesk® überprüft jetzt die Berechtigungsinformationen, wie z. B. Ihre Seriennummer. Wenn Sie die Aktivierungsaufforderung sehen und keine Verbindung mit dem Internet herstellen können, ist die Aktivierung manuell vorzunehmen.

Manuelles Aktivieren und Registrieren (offline)

Sollte der PC über keine bestehende Internetverbindung verfügen, führen Sie die folgenden Schritte aus:

1) Starten Sie Autodesk® Inventor® 2016.
2) Stimmen Sie den Datenschutzrichtlinien zu.
3) Klicken Sie auf **Aktivieren**.
4) Wählen Sie Aktivierungscode **Mit einer Offlinemethode anfordern**.
5) Klicken Sie auf **Weiter**.
6) Notieren Sie die Aktivierungsinformationen, die auf dem Bildschirm angezeigt werden, einschließlich der URL.
7) Starten Sie ein Gerät mit einer bestehenden Internetverbindung.
8) Öffnen Sie die URL aus Punkt (6). Melden Sie sich an und registrieren Sie das Produkt.
9) Notieren Sie den Aktivierungscode.
10) Starten Sie Autodesk® Inventor® 2016.
11) Klicken Sie auf **Aktivieren**.
12) Wählen Sie die Option **Ich habe einen Aktivierungscode von Autodesk**.
13) Kopieren Sie den Aktivierungscode, und fügen Sie ihn in das erste Feld ein, um automatisch die anderen Felder auszufüllen.
14) Klicken Sie auf **Weiter**.

Weitere Informationen zu Installation und Aktivierung erhalten Sie unter dem folgenden Link:

> *http://knowledge.autodesk.com/customer-service/installation-activation-licensing*

3 Programmaufbau und Programmoberfläche

3.1 Programmaufbau

Nach dem Start von Autodesk® Inventor® Professional 2016 öffnet sich das Programm mit der folgenden **Benutzeroberfläche**:

1) Hauptmenü
2) Schnellzugriff-Werkzeuge
3) Multifunktionsleiste
4) InfoCenter
5) Modellbaum
6) Arbeitsbereich

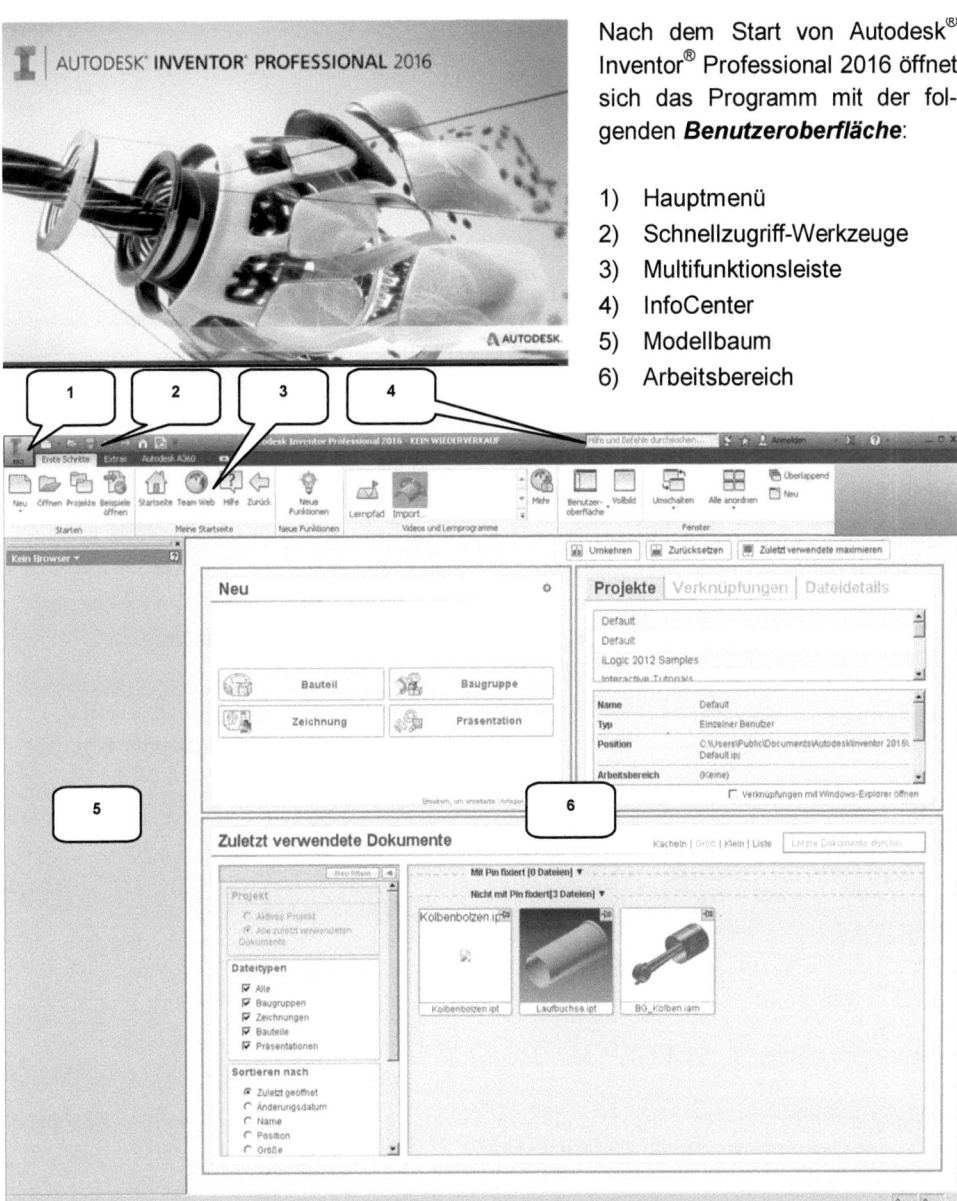

3.2 Hauptmenü

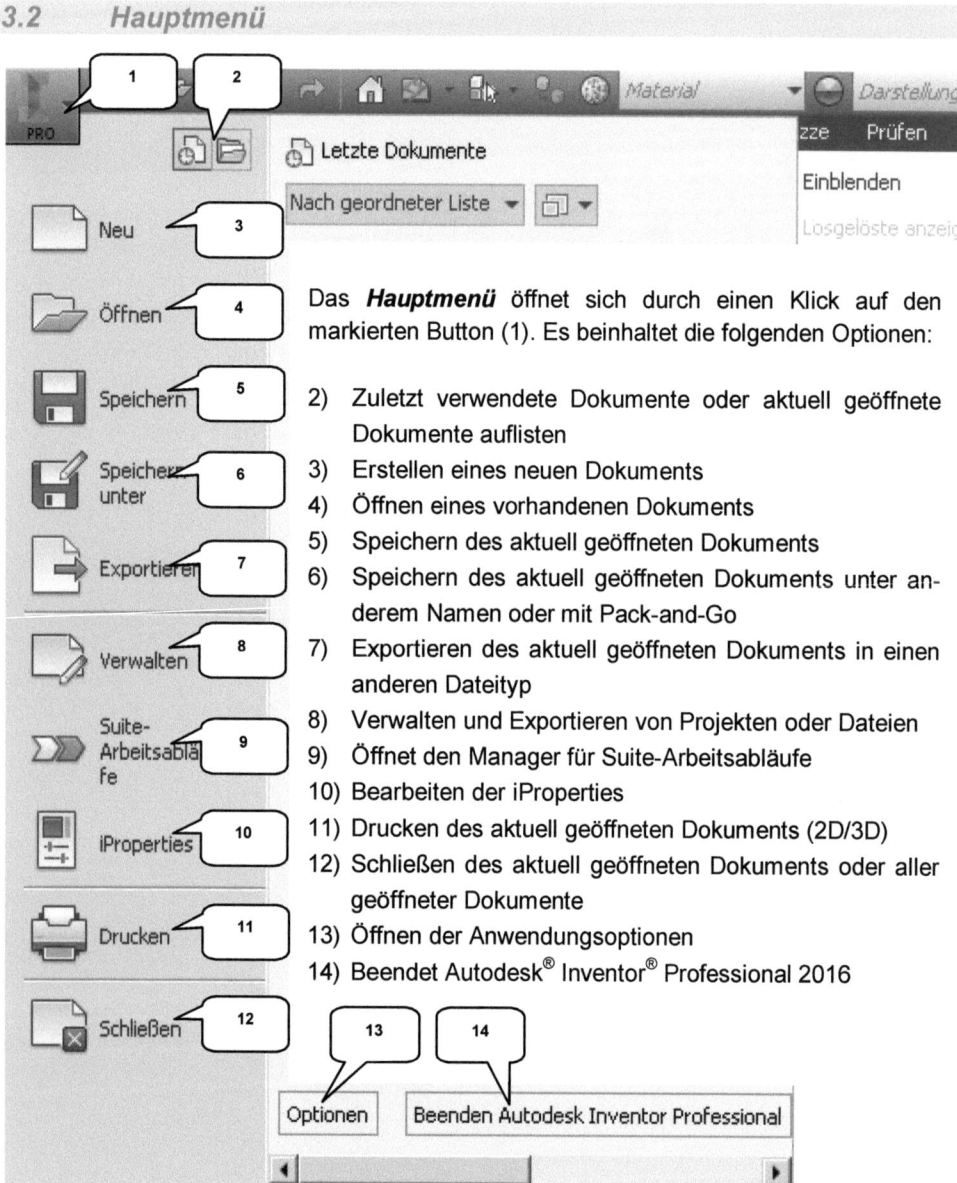

Das **Hauptmenü** öffnet sich durch einen Klick auf den markierten Button (1). Es beinhaltet die folgenden Optionen:

2) Zuletzt verwendete Dokumente oder aktuell geöffnete Dokumente auflisten
3) Erstellen eines neuen Dokuments
4) Öffnen eines vorhandenen Dokuments
5) Speichern des aktuell geöffneten Dokuments
6) Speichern des aktuell geöffneten Dokuments unter anderem Namen oder mit Pack-and-Go
7) Exportieren des aktuell geöffneten Dokuments in einen anderen Dateityp
8) Verwalten und Exportieren von Projekten oder Dateien
9) Öffnet den Manager für Suite-Arbeitsabläufe
10) Bearbeiten der iProperties
11) Drucken des aktuell geöffneten Dokuments (2D/3D)
12) Schließen des aktuell geöffneten Dokuments oder aller geöffneter Dokumente
13) Öffnen der Anwendungsoptionen
14) Beendet Autodesk® Inventor® Professional 2016

HINWEIS: Bleibt man mit dem Mauspfeil auf einem der Befehle (3...12) stehen, erscheinen dem Hauptbefehl zugeordnete weitere Befehle.

3.3 Schnellzugriff-Werkzeuge

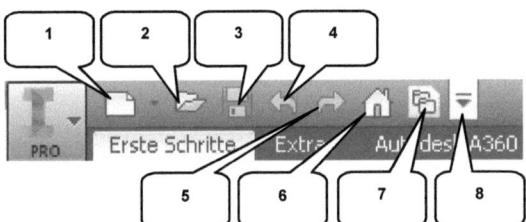

Die **Schnellzugriff-Werkzeuge** sind eine Ansammlung wichtiger und häufig verwendeter Befehle, welche einzeln ein- oder ausgeblendet werden können. Die folgenden Befehle befinden sich darin:

1) Erstellen einer neuen Datei
2) Öffnen einer vorhandenen Datei
3) Speichern der aktuell geöffneten Datei
4) Einen Arbeitsschritt zurück

5) Einen Arbeitsschritt vorwärts
6) Aktiviert die Startseite
7) Öffnet die Projektverwaltung
8) Schnellzugriff-Werkzeuge anpassen

3.4 Multifunktionsleiste

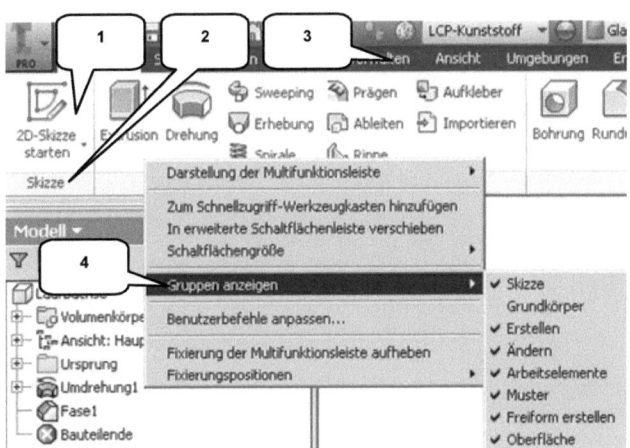

Die **Multifunktionsleiste** (1) befindet sich im oberen Bereich des Programms und beinhaltet verschiedene Befehlsgruppen (2), deren Inhalt entsprechend der Auswahl einer der verfügbaren Registerkarten (3) variiert. Jede Registerkarte enthält diverse Befehlsgruppen, welche beliebig ein- oder ausgeblendet werden können.

Um Befehlsgruppen ein- oder auszublenden, muss mit der **rechten Maustaste** auf einen beliebigen Punkt im Bereich der Multifunktionsleiste (1) geklickt und die Option **Gruppen anzeigen** (4) gewählt werden. In der erweiterten Auswahl (5), können die einzelnen Befehlsgruppen danach aktiviert oder deaktiviert werden.

HINWEIS: Sollten in diesem Buch Befehle verwendet werden, die in der Multifunktionsleiste im entsprechenden Arbeitsbereich nicht gefunden werden können, ist zu kontrollieren, ob die entsprechende Befehlsgruppe aktiviert wurde.

3.5 Modellbaum (Browser)

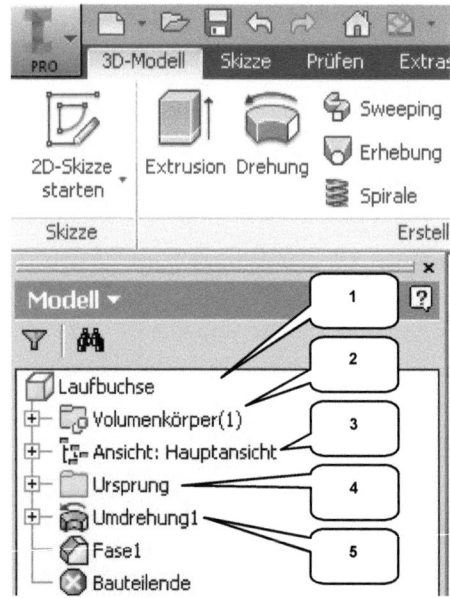

Der **Browser** (1) spiegelt den grundlegenden Aufbau eines Objekts wieder. Je nach Arbeitsbereich kann dieser inhaltlich variieren:

> **Bauteil-Browser**

Im Bauteil-Browser befinden sich der Ordner **Volumenkörper** (2) (listet die Anzahl der einzelnen Volumenkörper eines Bauteils auf), der Ordner **Ansicht** (3) (speichert verschiedene Ansichten eines Bauteils) und der Ordner **Ursprung** (4) (beinhaltet die Achsen und Ebenen des Bauteils). Außerdem werden alle bereits am Bauteil vorgenommenen **Arbeitsschritte** (5) chronologisch aufgelistet und können hier bearbeitet oder gelöscht werden.

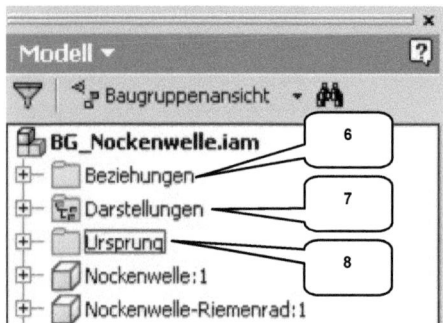

> **Baugruppen-Browser**

Im Baugruppen-Browser befinden sich der Ordner **Beziehungen** (6) (listet alle in einer Baugruppe vorhandenen Abhängigkeiten auf), der Ordner **Darstellungen** (7) (beinhaltet Ansichten, Positionen und Detailgenauigkeiten) und der Ordner **Ursprung** (8). Außerdem werden alle in der Baugruppe vorhandenen Komponenten aufgelistet.

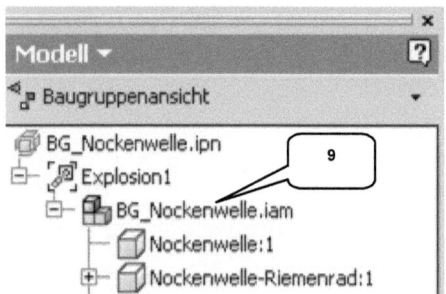

> **Präsentations-Browser**

Im Präsentations-Browser ist die dargestellte Baugruppe (9) aufgelistet. Jedes in der Präsentation animierte Bauteil wird zusätzlich um die hinzugefügten Animationspfade ergänzt.

- Arbeitsbereich -

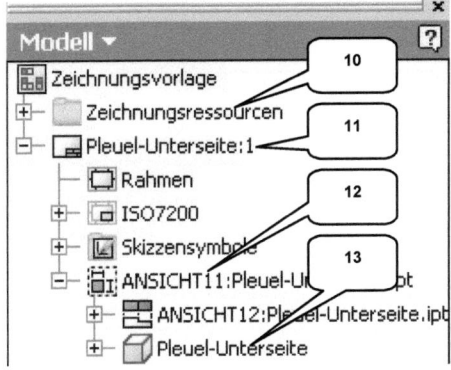

> ***Zeichnungs-Browser***

Der Zeichnungs-Browser enthält den Ordner ***Zeichnungsressorcen*** (10) (beinhaltet Arbeitsblattformate, Ränder, Schriftfelder und vordefinierte Symbole) und alle, in der Datei vorhandenen ***Zeichnungsblätter*** (11). Jedes Zeichnungsblatt beinhaltet die dem Blatt zugeordneten Arbeitsblattformate, Ränder, Schriftfelder und Symbole sowie dargestellten Ansichten (12) mit den darin abgebildeten Komponenten (13).

3.6 Arbeitsbereich
3.6.1 Startbildschirm

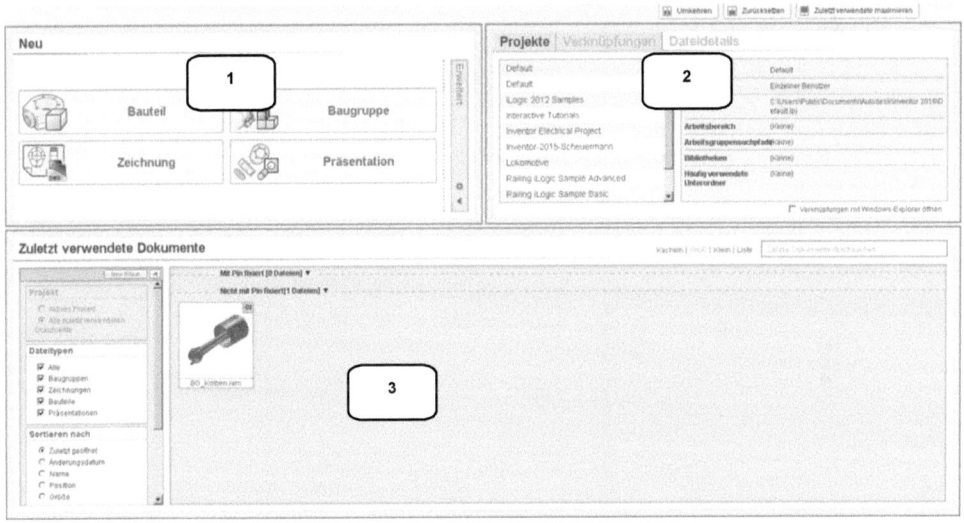

Nach dem Start von Autodesk® Inventor® Professional 2016 wird dem Benutzer ein ***Startbildschirm*** mit den folgenden Inhalten angeboten:

1) Erstellen einer neuen Datei
2) Aktivieren vorhandener Projekte und Darstellen zugehöriger Verknüpfungen und Details
3) Darstellen zuletzt verwendeter Dokumente mit zusätzlichen Filteroptionen

4 Die ersten Schritte

4.1 Programmhilfe und Neue Funktionen

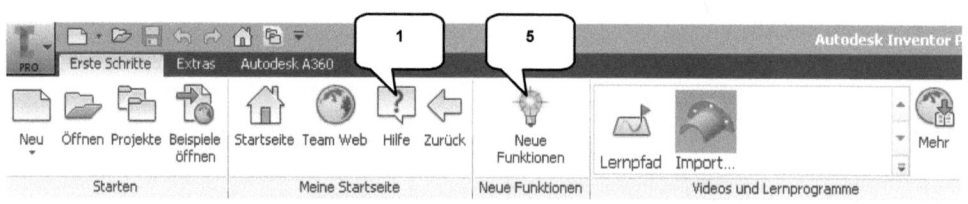

Im Register **Erste Schritte** (Befehlsgruppe **Meine Startseite**) befindet sich der Befehl **Hilfe** (1). Ein Klick darauf öffnet im Arbeitsbereich die Autodesk® Inventor® 2016 Hilfe.

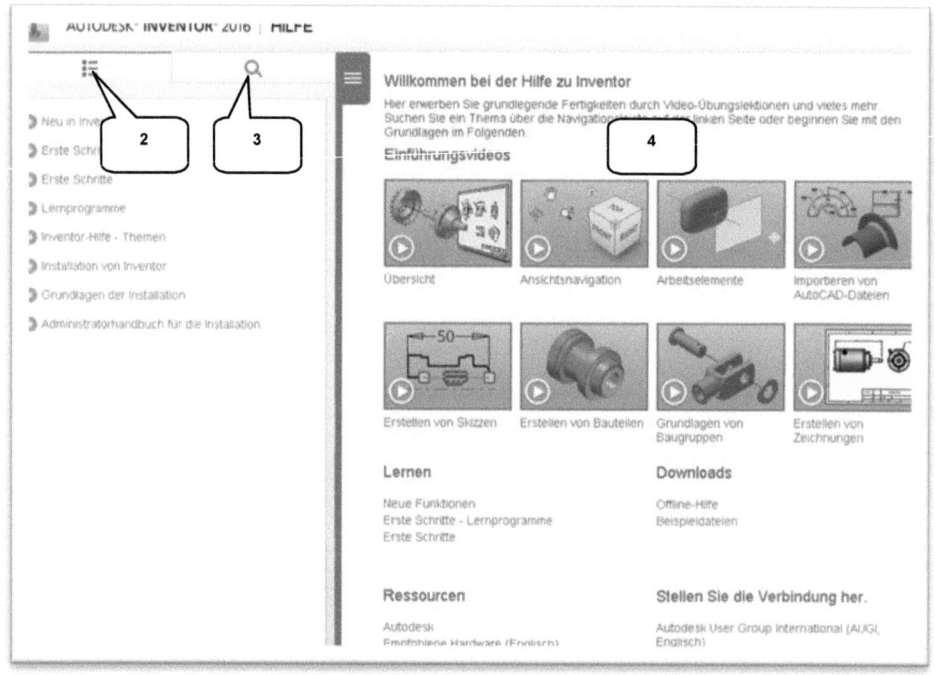

Hier kann entweder in der **Inhaltsübersicht** (2) aus einem der angebotenen Themengebiete ausgewählt werden, oder ein Befehl/ Begriffe direkt **gesucht** werden (3). Im **Ausgabebereich** (4) werden die Ergebnisse angezeigt. Im Bereich **Neue Funktionen** (5) werden Unterschiede zur Programmversion 2015 aufgezeigt.

4.2 Videos und Lernprogramme

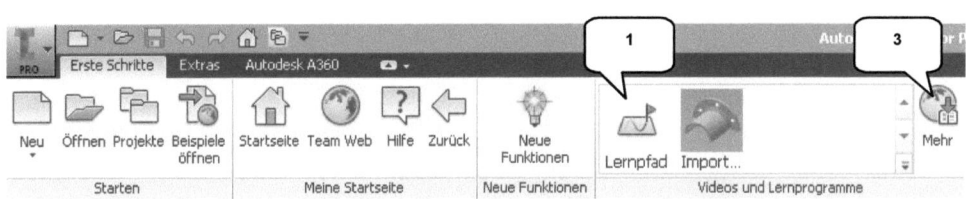

Im Register **Erste Schritte** (Befehlsgruppe **Videos und Lernprogramme**) befindet sich der Befehl **Lernpfad** (1). Ein Klick darauf öffnet im Arbeitsbereich eine interaktive Lernumgebung (2), in der schrittweise nützliche Hinweise im Umgang mit der Software erlernt und verschiedene Lernprogramme gestartet werden können.

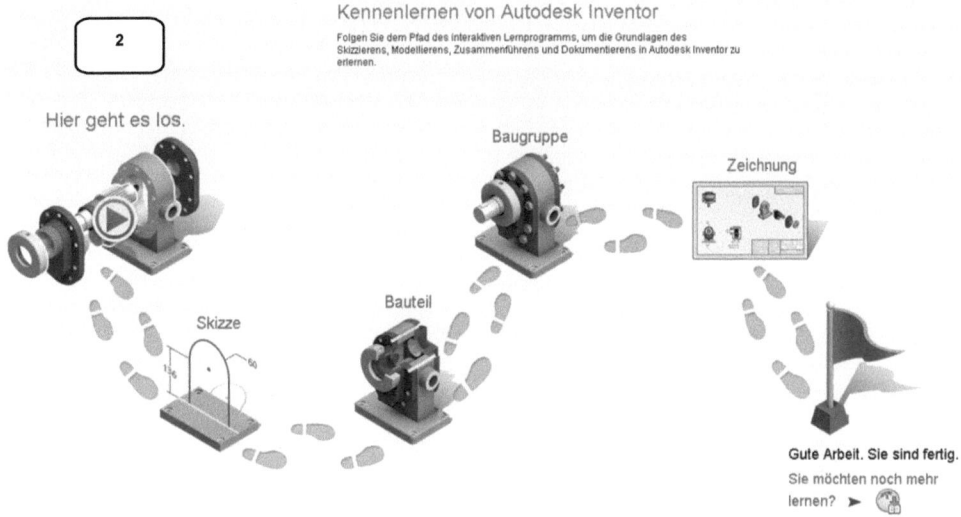

Mit dem Befehl **Mehr** (3) öffnet sich im Arbeitsbereich eine Übersicht weiterer Lernprogramme (4), welche zusätzlich heruntergeladen werden können.

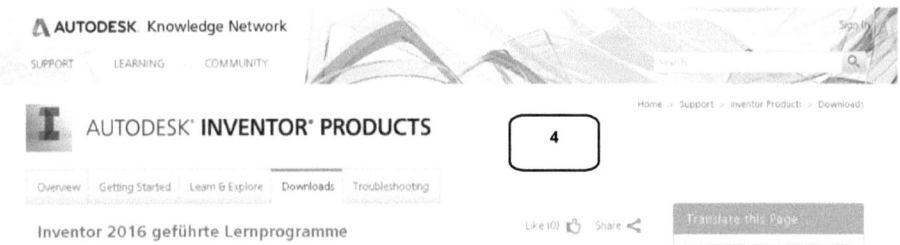

4.3 Zusatzmodule (empfohlene Einstellungen)

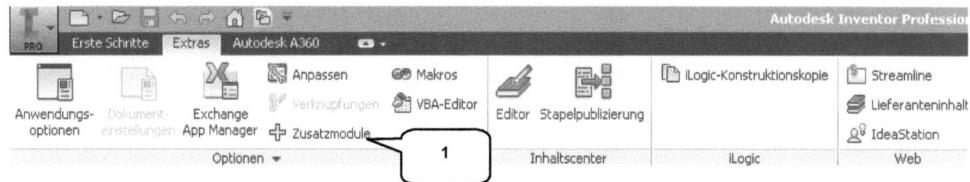

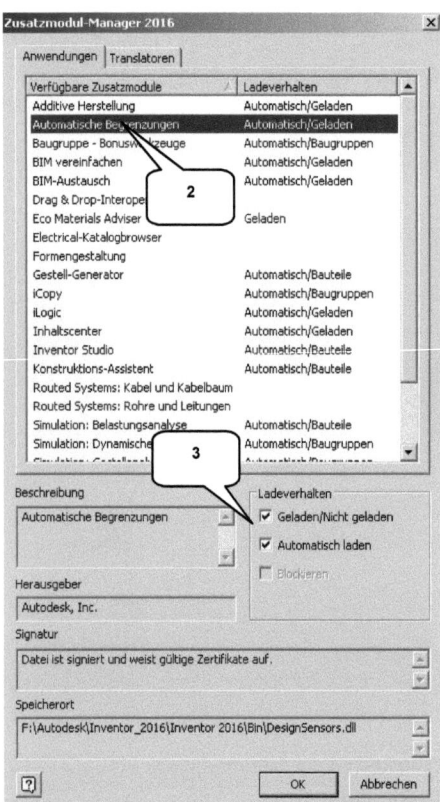

Im Register **Extras** (Befehlsgruppe **Optionen**) befindet sich der Befehl **Zusatzmodule** (1). Ein Klick darauf öffnet den **Zusatzmodul-Manager**. Mit diesem Befehl können die automatisch beim Programmstart zu startenden Zusatzmodule definiert werden. Um ein Modul automatisch laden zu lassen, muss es in der **Liste** (2) aktiviert werden, um anschließend die beiden Haken im Bereich **Ladeverhalten** (3) zu setzen. Um ein Modul nicht automatisch bei Programmstart laden zu lassen, sind die beiden Haken zu deaktivieren.

Die Aktivierung der folgenden Module wird empfohlen:

- Additive Herstellung
- Automatische Begrenzungen
- Baugruppe - Bonuswerkzeuge
- BIM-Austausch
- BIM-Vereinfachen
- Gestell-Generator
- iCopy
- iLogic
- Inhaltscenter
- Inventor Studio
- Konstruktions-Assistent
- Simulation: Belastungsanalyse
- Simulation: Dynamische Simulation
- Simulation: Gestellanalyse

HINWEIS: Je nach Programmversion (Inventor® 2016 oder Inventor® Professional 2016) stehen einige der Module nicht zur Verfügung.

4.4 Anwendungsoptionen (empfohlene Einstellungen)

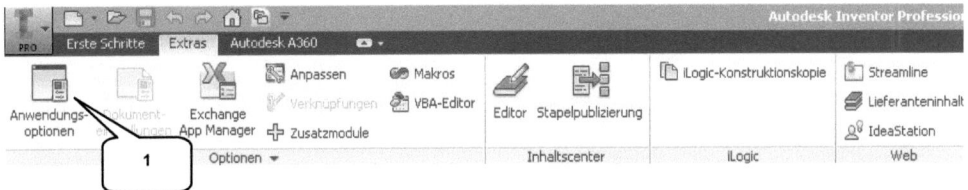

Im Register **Extras** (Befehlsgruppe **Optionen**) befindet sich der Befehl **Anwendungsoptionen** (1). Hier können die Grundeinstellungen des Programmes eingestellt werden. Die folgenden Einstellungen werden empfohlen:

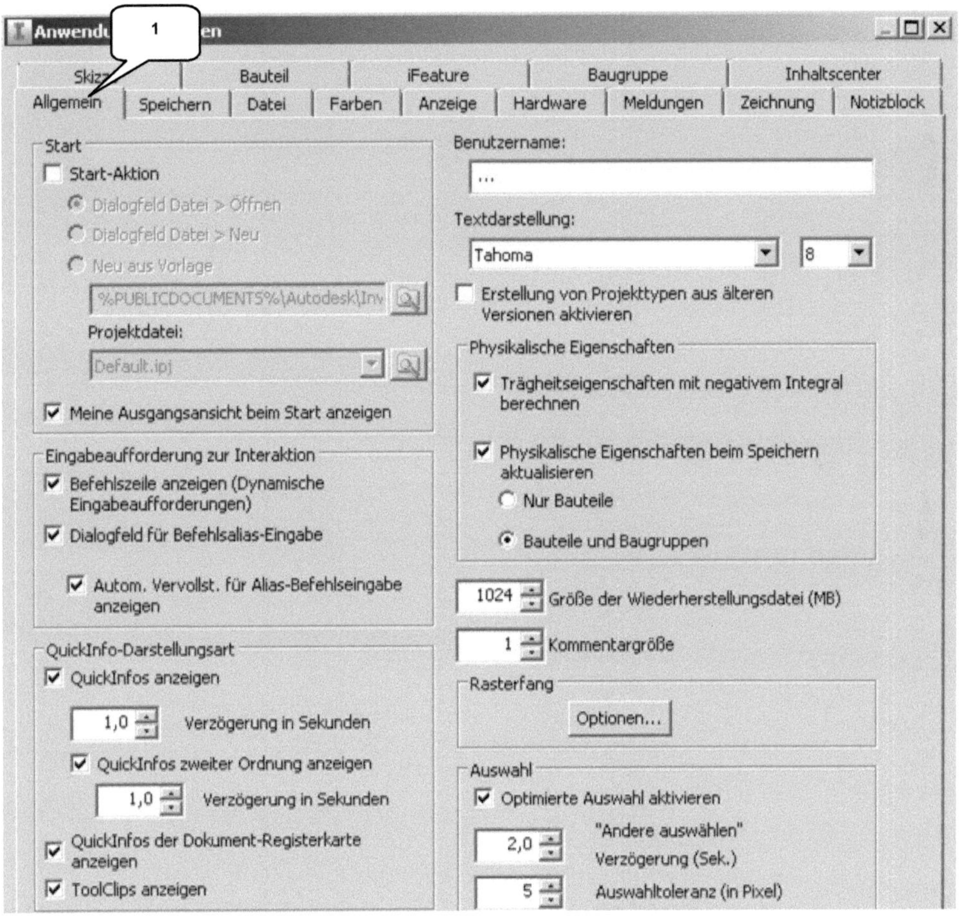

- Anwendungsoptionen (empfohlene Einstellungen) -

Anwendungsoptionen — ②

Tabs: Skizze | Bauteil | iFeature | Baugruppe | Inhaltscenter
Allgemein | **Speichern** | Datei | Farben | Anzeige | Hardware | Meldungen | Zeichnung | Notizblock

☐ Aufforderung zum Speichern von neu zu berechnenden Aktualisierungen

☐ Aufforderung zum Speichern der Migration

☐ Referenzierte Dateien mit Vorgabe "Nein" im Speichern-Dialogfeld nicht auflisten

☐ Timer für Speichererinnerung: 30   Minuten

Translationsbericht in Dokument einbetten ▼

[Importieren... ▼] [Exportieren...] [OK] [Abbrechen] [Anwenden]

- Anwendungsoptionen (empfohlene Einstellungen) -

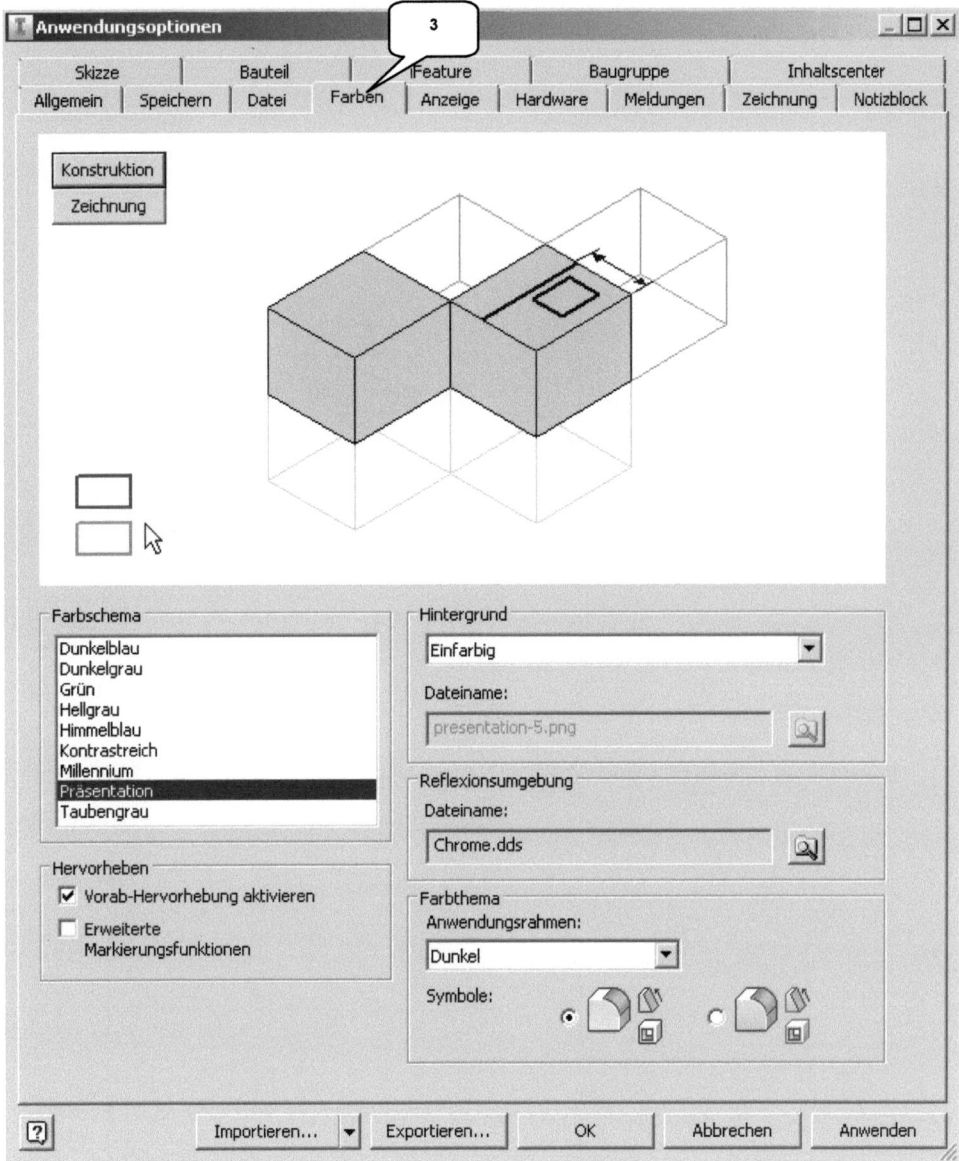

- Anwendungsoptionen (empfohlene Einstellungen) -

Anwendungsoptionen — 4

Reiter: Skizze | Bauteil | iFeature | **Anzeige** | Baugruppe | Inhaltscenter
Allgemein | Speichern | Datei | Farben | Hardware | Meldungen | Zeichnung | Notizblock

Darstellung

○ Dokumenteinstellungen verwenden

◉ Anwendungseinstellungen verwenden   [Einstellungen...]

Inaktive Komponentendarstellung

☑ Schattiert   ☐ Kanten anzeigen

[25] % deckend   [■] Farbe

Anzeige

Übergangszeit für Ansichten (in Sekunden)   Minimale Frame-Rate (Hz)

0 ———|——————— 3 ——————————— (max)   0 ——————————|———————— 20

Anzeigequalität:
[Grob ▼]   ☑ Automatische Verfeinerung deaktivieren

3D-Navigation

Vorgabeorbit   Zoom-Verhalten   [ViewCube...]
◉ Frei   ☐ Richtung umkehren
○ Mit Abhängigkeiten ☑ Zoom auf Cursor   [SteeringWheels...]

Ursprungs-3D-Anzeige

☑ Ursprungs-3D-Anzeige einblenden
☑ Ursprungs-XYZ-Achsenbezeichnungen anzeigen

Verhalten von Ausrichten nach

◉ Minimale Drehung durchführen
○ An lokalem Koordinatensystem ausrichten

[?]   [Importieren... ▼]   [Exportieren...]   [OK]   [Abbrechen]   [Anwenden]

- Anwendungsoptionen (empfohlene Einstellungen) -

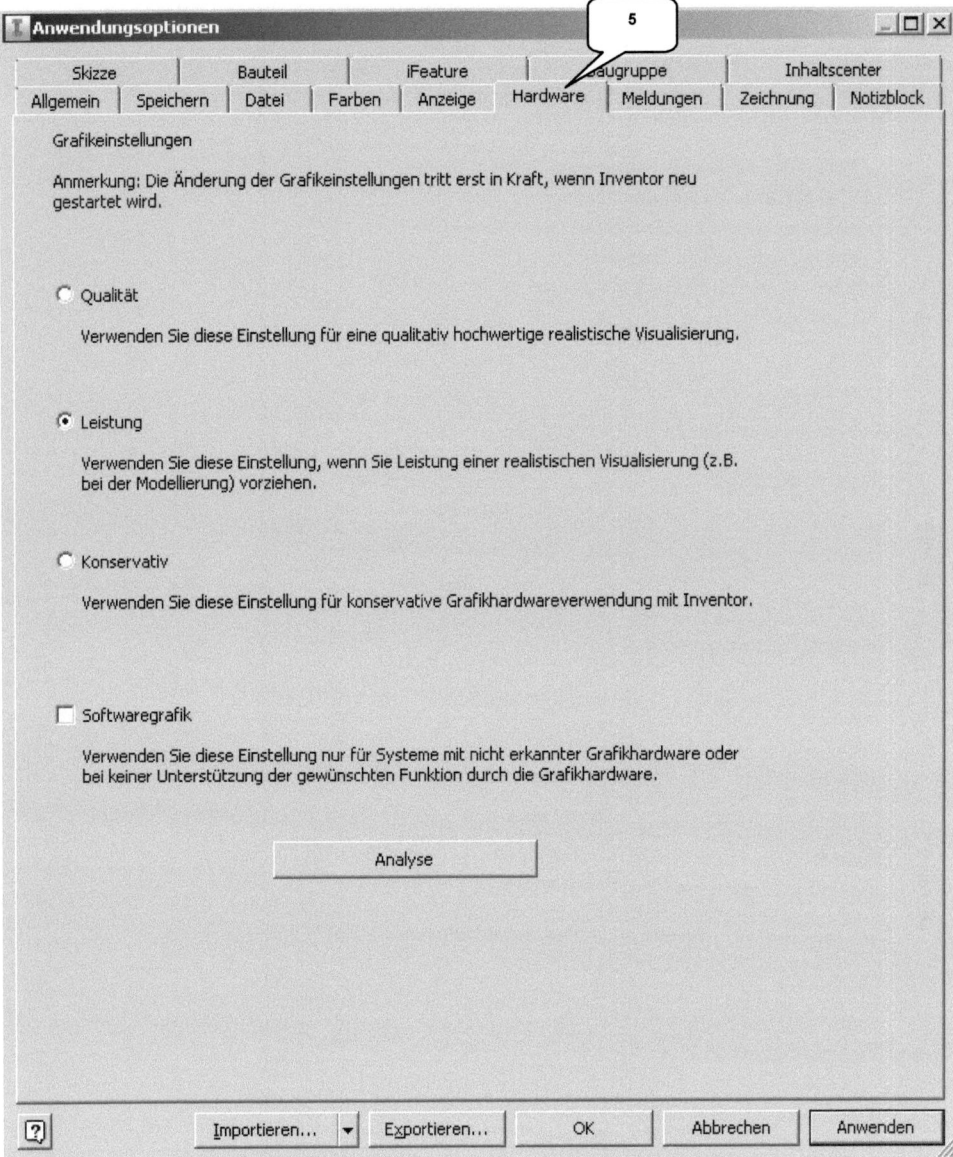

- Anwendungsoptionen (empfohlene Einstellungen) -

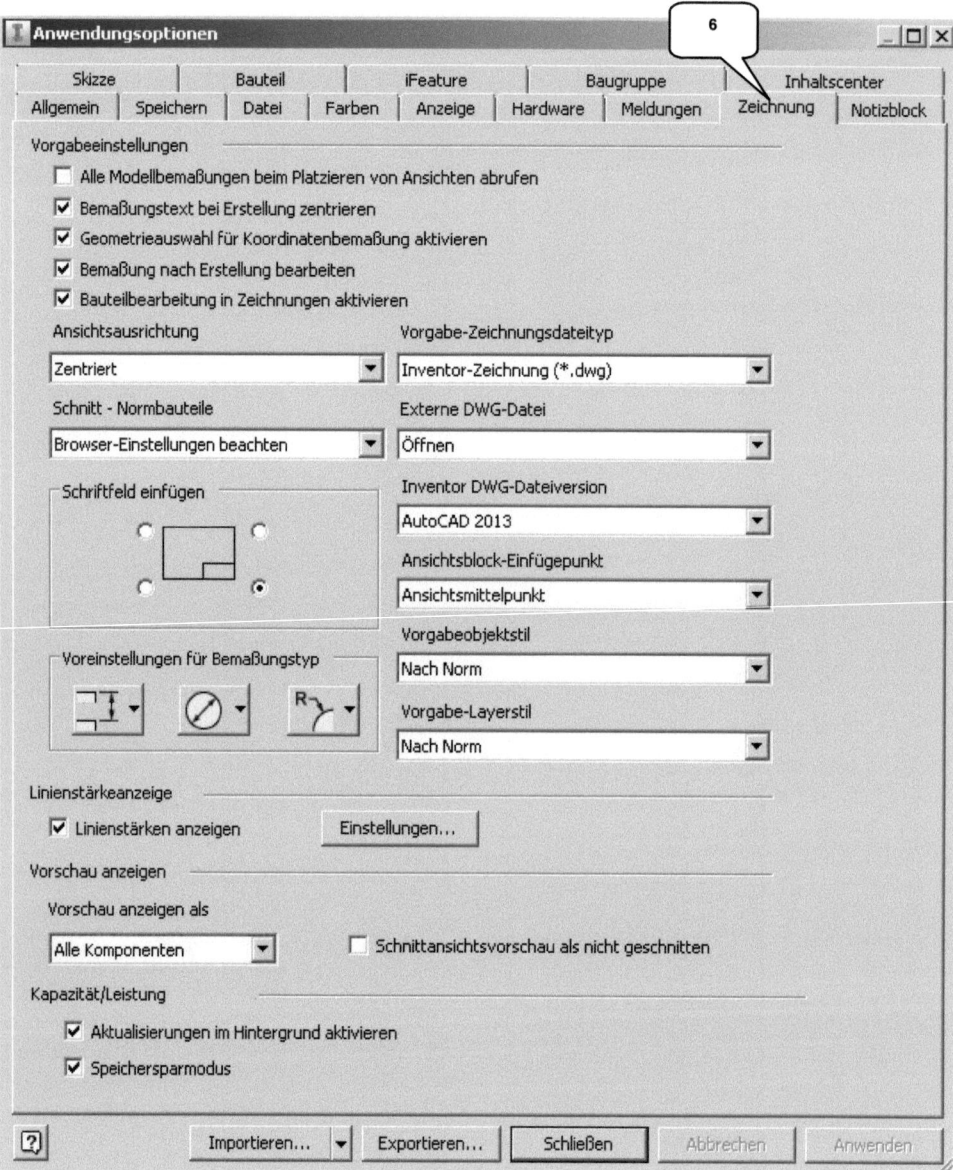

- Anwendungsoptionen (empfohlene Einstellungen) -

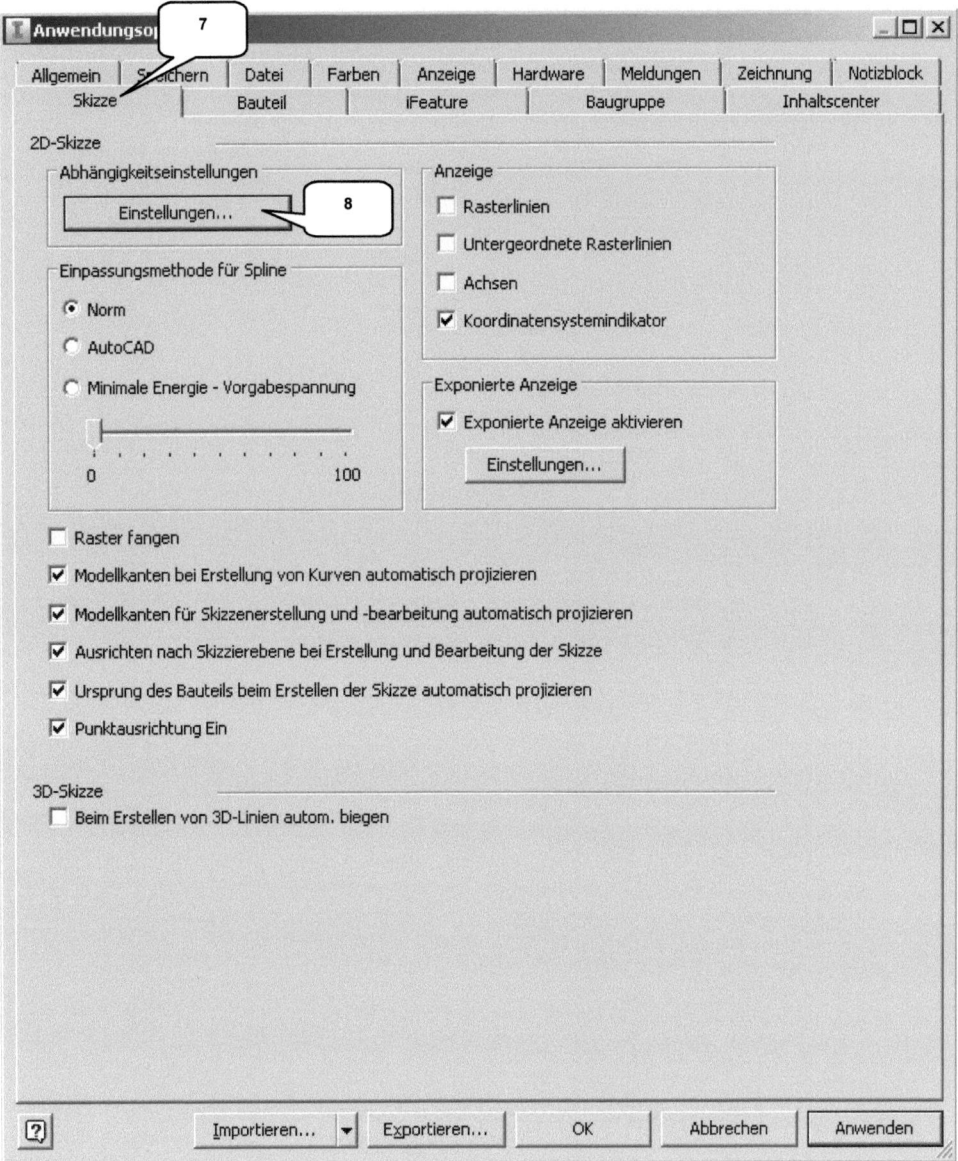

- Anwendungsoptionen (empfohlene Einstellungen) -

Abhängigkeitseinstellungen — Allgemein (9)

Abhängigkeit
- ☑ Abhängigkeiten nach Erstellung anzeigen
- ☑ Abhängigkeiten für ausgewählte Objekte anzeigen
- ☑ Koinzidente Abhängigkeiten in Skizze anzeigen

Bemaßung
- ☑ Bemaßung nach Erstellung bearbeiten
- ☑ Bemaßungen aus Eingabewerten erstellen

Überbestimmte Bemaßungen
- ○ Getriebene Bemaßung anwenden
- ⦿ Bei Überbestimmung warnen

Abhängigkeitseinstellungen — Ableitung (10)

- ☑ Abhängigkeiten ableiten
- ☑ Abhängigkeiten beibehalten

Abhängigkeitsableitungspriorität
- ⦿ Parallel und lotrecht
- ○ Horizontal und vertikal

Auswahl für Abhängigkeitsableitung
- ☑ Horizontal
- ☑ Vertikal
- ☑ Parallel
- ☑ Lotrecht
- ☑ Überschneidung
- ☑ Mittelpunkt
- ☑ An Kurve
- ☑ Tangential
- ☑ Koinzident

[Alle auswählen] [Alles löschen]

Abhängigkeitseinstellungen — Lockerungsmodus (11)

- ☐ Lockerungsmodus aktivieren

Beim gelockerten Ziehen zu entfernende Abhängigkeiten
- ☐ Koinzident
- ☐ Tangential
- ☐ Geglättet(G2)
- ☐ Symmetrisch
- ☑ Kollinear
- ☑ Konzentrisch
- ☑ Horizontal
- ☑ Vertikal
- ☑ Parallel
- ☑ Lotrecht
- ☑ Gleich
- ☑ Fest

[Alle auswählen] [Alles löschen]

- Anwendungsoptionen (empfohlene Einstellungen) -

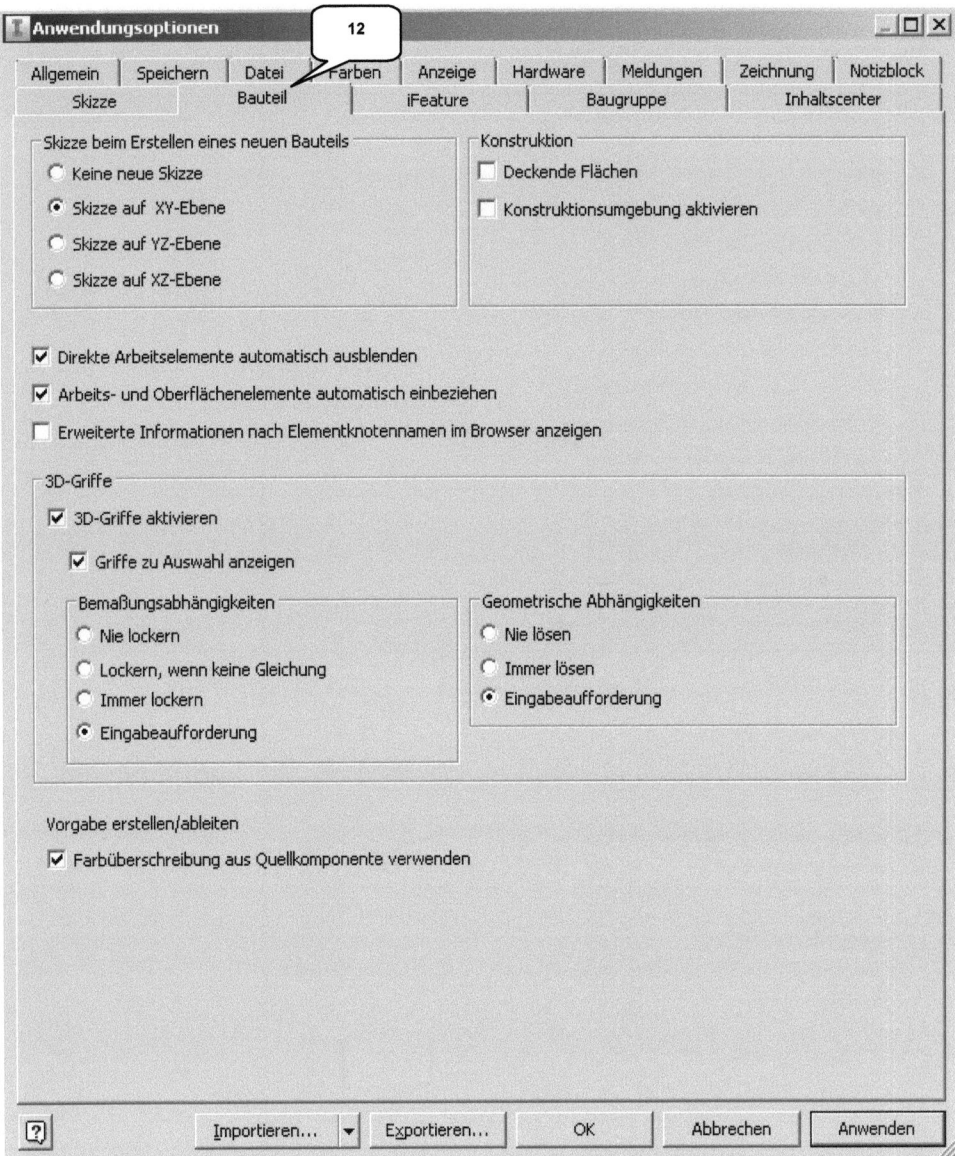

- Anwendungsoptionen (empfohlene Einstellungen) -

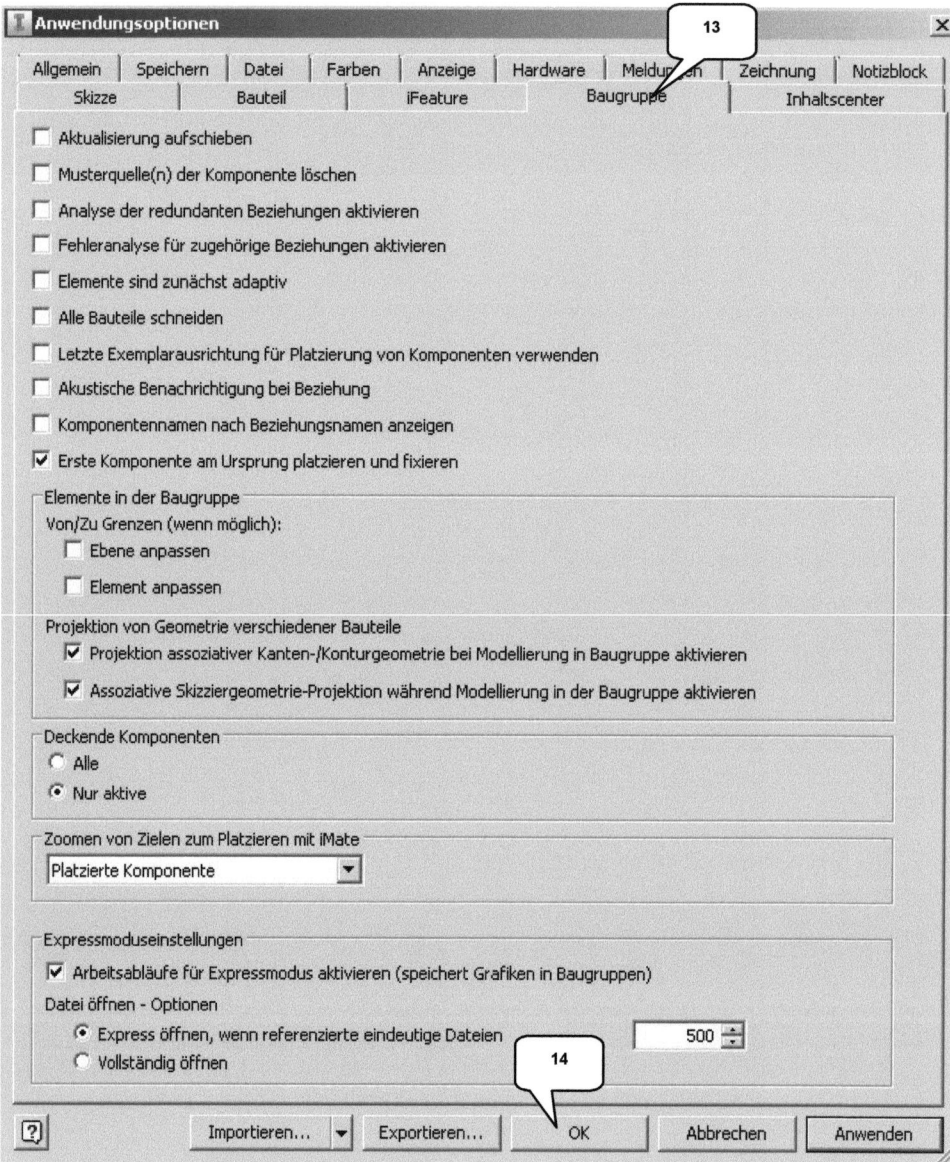

5 Grundlegende Vorbereitungen

5.1 Aktivierung des Einzelbenutzerprojektes

Bevor mit der Umsetzung des Projektes gestartet wird, sollten die folgenden Arbeiten erledigt werden:

Auf dem PC ist an geeigneter Stelle ein neuer Ordner mit folgender Bezeichnung zu erstellen:

> *Inventor-2016-Übung-Dynamische-Simulation*

5.2 Download der Übungsdateien

Im Internet ist die folgende Website zu besuchen:

> *http://www.cad-trainings.de/html/Download.html*

Anschließend sind die folgenden Schritte zu erledigen:

> Das passende Buch suchen
> Auf den nebenstehenden Download-Link klicken
> Die Übungsdatei (ZIP-Format) auf dem PC speichern (im Projektordner *Inventor-2016-Übung-Dynamische-Simulation*)
> Die Datei darin entpacken

5.3 Aktivierung des Einzelbenutzerprojektes

Inventor® arbeitet grundsätzlich in Projekten, was die Koordination zusammenhängender Dateien und Einstellungen vereinfacht. Eine Projektdatei (*.ipj) sichert alle Informationen und Querverweise eines Projektes. Das ist wichtig, wenn später komplexe Baugruppen archiviert oder von einem PC auf einen anderen übertragen werden sollen.

- Aktivierung des Einzelbenutzerprojektes -

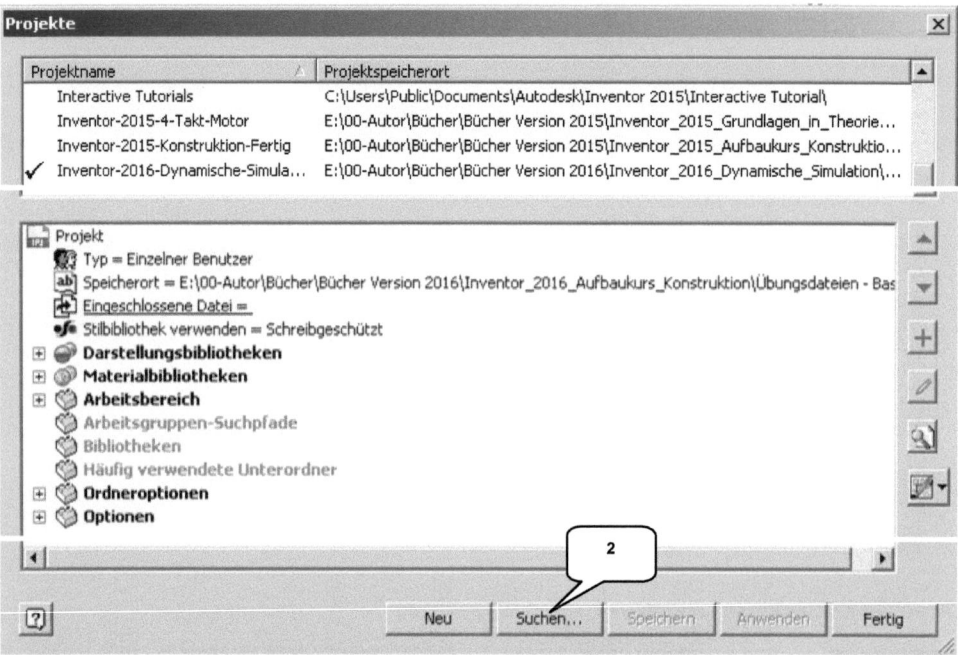

Im Register **Erste Schritte** (Befehlsgruppe **Starten**) ist der Befehl Projekte (1) zu aktivieren.

Mit der Option **Suchen** (2) soll der Pfad zum Projektordner ausgewählt und die darin enthaltene Projektdatei **Inventor-2016-Dynamische-Simulation.ipj** (3) aktiviert werden.

- Aktivierung des Einzelbenutzerprojektes -

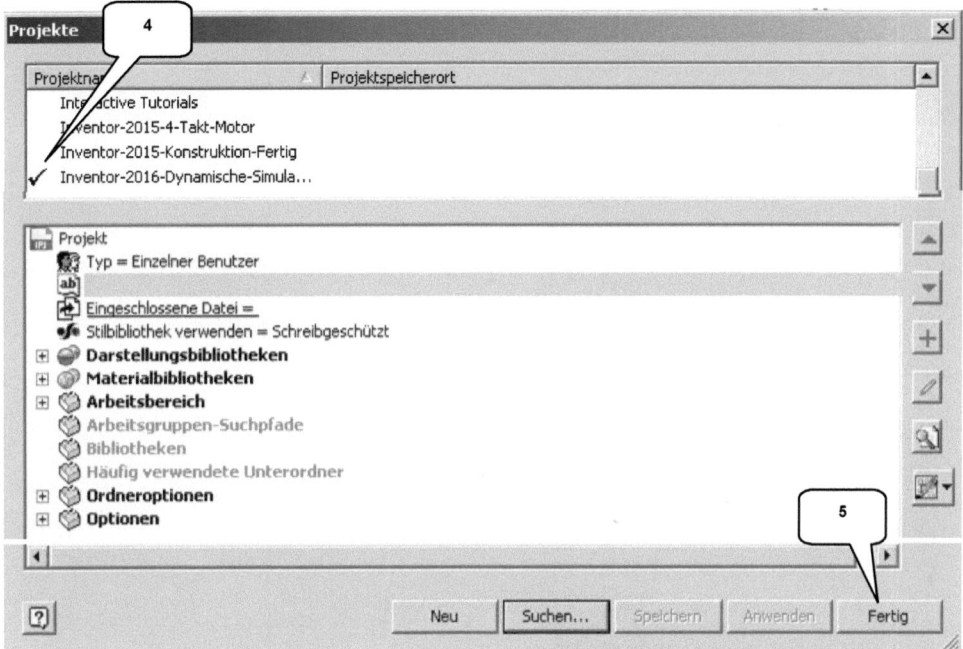

Das neue *Projekt* wird automatisch aktiviert, was durch einen kleinen Haken in der entsprechenden Zeile (4) signalisiert wird.

Auch bei der späteren Arbeit mit dem Programm sollte das jeweils aktive Projekt nach Programmstart stets kontrolliert werden.

So kann vermieden werden, dass Dateien unbeabsichtigt einem anderen Projekt zugeordnet werden.

Fertig (5) beendet den Befehl.

6 Die Montage des Radladers im Baugruppenbereich

6.1 Die Baugruppe im Überblick

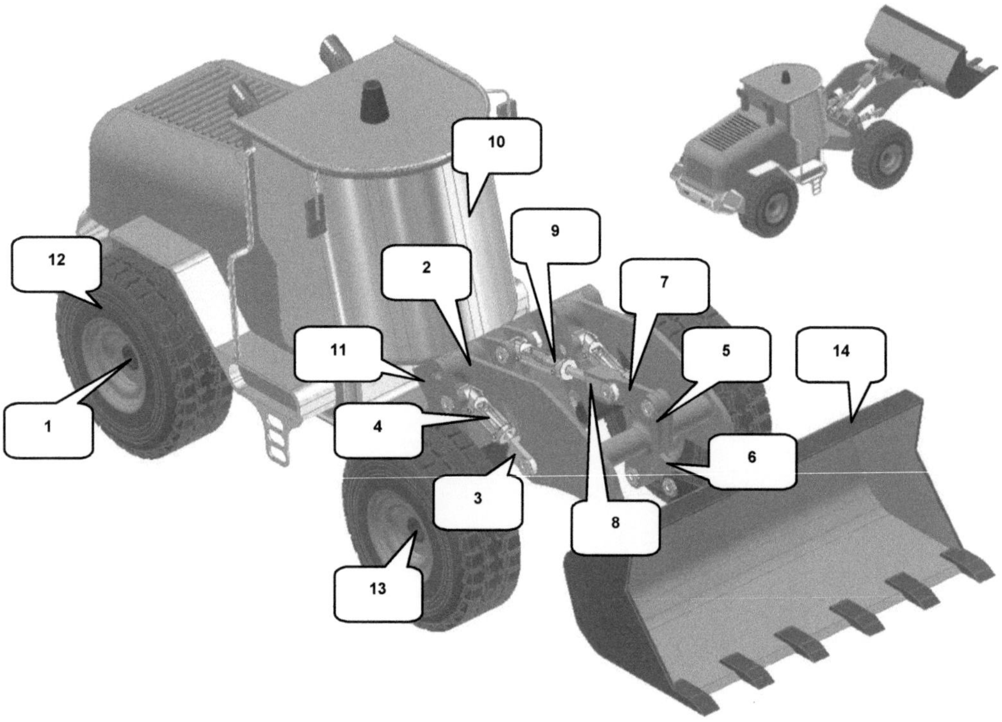

1) Hinterradachse
2) Hubrahmen
3) Hubzylinder-Kolben
4) Hubzylinder-Zylinder
5) Kipphebel
6) Kippschwinge
7) Kippzylinder-Fixierung
8) Kippzylinder-Kolben
9) Kippzylinder-Zylinder
10) Maschinengehäuse
11) Maschinenrahmen
12) Rad
13) Radbolzen
14) Schaufel

6.2 Öffnen der Baugruppendatei

Im ersten Schritt ist die Baugruppe zu öffnen:

- **Öffnen** (1)
- Order: Radlader Download (2)
- Dateiname: Dynamischer_Radlader (3)
- Dateityp: *.iam
- Öffnen **Öffnen**

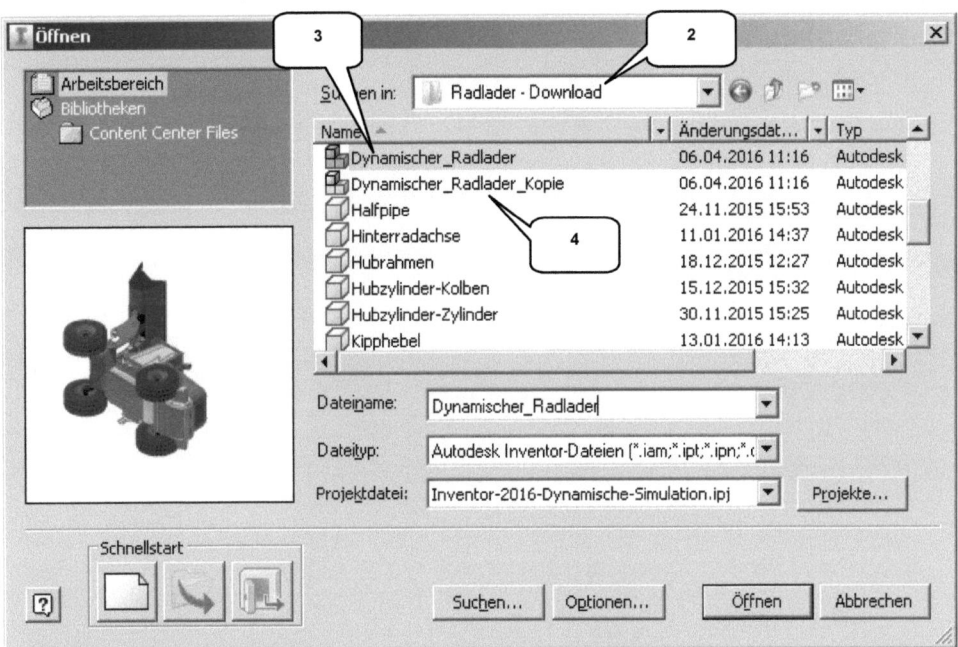

HINWEIS: Sollte die Baugruppe bei einer der Übungen im Buch beschädigt werden, kann zur weiteren Bearbeitung die Kopie **Dynamischer_Radlader_Kopie** verwendet werden.

7 Die Umgebung der Dynamischen Simulation

7.1 Die Baugruppenumgebung und die Dynamische Simulation
7.1.1 Freiheitsgrade im Bereich der Baugruppenmodellierung

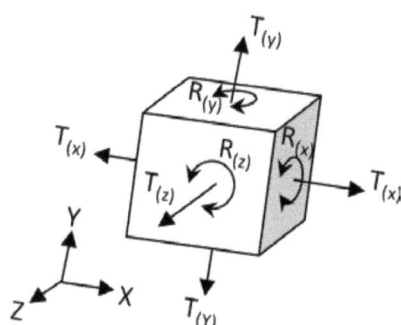

Eine Komponente in der Inventor® **Baugruppenumgebung** kann grundsätzlich jede beliebige Position und Ausrichtung einnehmen, da sie frei beweglich ist. Sie verfügt über insgesamt sechs Freiheitsgrade und kann sich entlang der drei Achsen (**X**, **Y**, **Z**) linear verschieben (Translation T_X, T_Y, T_Z) und außerdem um jede der drei Achsen frei drehen (Rotation R_X, R_Y, R_Z).

7.1.2 Freiheitsgrade im Bereich der Dynamischen Simulation

Anders ist es im Bereich der **Dynamischen Simulation**: Hier besitzt eine Komponente grundsätzlich keine Freiheitsgrade. Durch das Setzen von Gelenkverbindungen werden einem Bauteil erst nach und nach Freiheitsgrade zugewiesen. Weiterhin können Abhängigkeiten und Verbindungen aus dem Bereich der Baugruppenmodellierung automatisch in den Bereich der Dynamischen Simulation übernommen und dort in Gelenkverbindungen konvertiert werden.

7.1.3 Möglichkeiten in der Dynamischen Simulation

Im Bereich der **Dynamischen Simulation** gibt es die folgenden **Möglichkeiten**:

- **Konvertieren** von Abhängigkeiten/Verbindungen in Gelenkverbindungen
- **Hinzufügen** von externen Kräften und Drehmomenten
- **Berechnung** unbekannter Kräfte
- **Definition** von Reibung, Dämpfung, Steifigkeit und Elastizität
- **Exportieren** der Berechnungsergebnisse zur FEM-Analyse
- **Exportieren** der Berechnungsergebnisse nach Microsoft® Excel

7.2 Starten der Dynamischen Simulation

Arbeitsbereich:
Dynamische Simulation

Um in den Bereich der **Dynamischen Simulation** wechseln zu können, muss das Register **Umgebungen** aktiviert und der Befehl **Dynamische Simulation** gestartet werden.

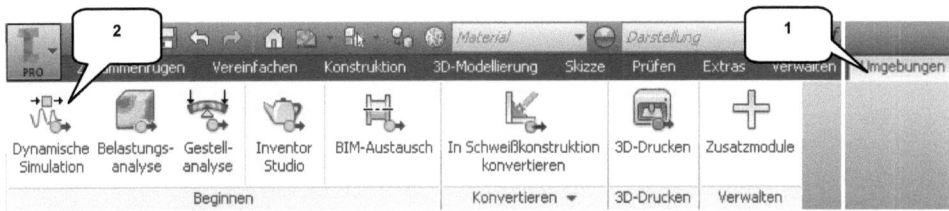

- Register: **Umgebungen** (1)
- **Dynamische Simulation** (2)

7.3 Grundlegender Aufbau der Dynamischen Simulation
7.3.1 Das Lernprogramm

Das Programm sollte jetzt den folgenden Hinweis öffnen, in welchem dem Anwender die Möglichkeit gegeben wird, das **Lernprogramm** für diesen Bereich zu starten.

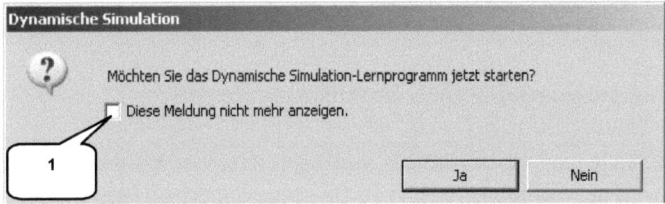

- Aktivieren: Diese Meldung nicht mehr anzeigen. (1)
- **Ja**

Besteht eine Internetverbindung, sollte sich der Web-Browser öffnen. Alternativ kann die Hilfedatei auch lokal installiert werden.

HINWEIS: Das **Lernprogramm** der Dynamischen Simulation kann in der Programmhilfe jederzeit wieder gestartet werden.

- Grundlegender Aufbau der Dynamischen Simulation -

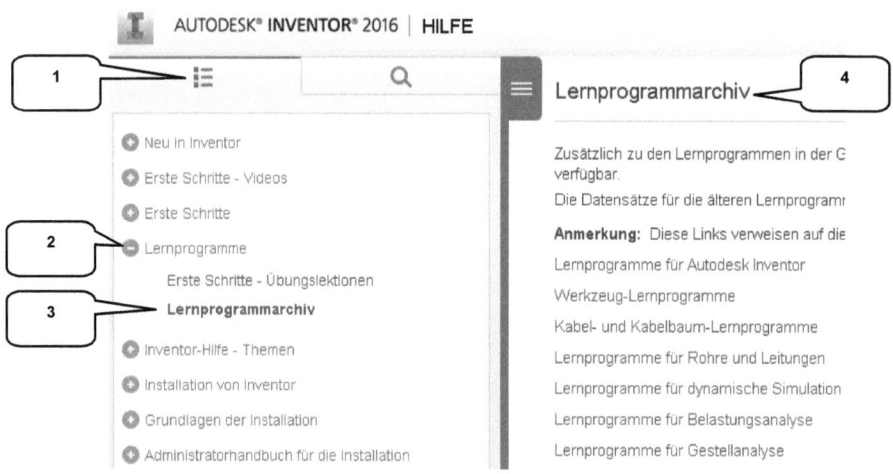

- ➤ Register: **Inhalt** (1)
- ➤ **Lernprogramme** erweitern (2)
- ➤ **Lernprogrammarchiv** wählen (3)

Im rechten Bereich des Befehlsfensters befindet sich eine Übersicht über das **Lernprogrammarchiv** (4), in dem die einzelnen Lernprogramme gestartet werden können.

HINWEIS: Das Archiv verweist teilweise auf die Beschreibungen älterer Programmversionen. Es besteht also die Möglichkeit, dass einige der verwendeten Befehle nicht mehr aktuell sind.

- ➤ Der Web-Browser kann jetzt wieder **geschlossen** werden

Das Programm sollte jetzt einen Hinweis anzeigen, dass der **Mechanismus** mit 13 Graden (oder abweichend) überbestimmt ist. Die im Baugruppenbereich verwendeten Verbindungen und Abhängigkeiten überlagern sich teilweise. So entstehen im Bereich der Dynamischen Simulationen sogenannte Redundanzen.

Da dieser Hinweis zum jetzigen Zeitpunkt noch keine Rolle spielt, kann er mit **OK** bestätigt werden.

- Grundlegender Aufbau der Dynamischen Simulation -

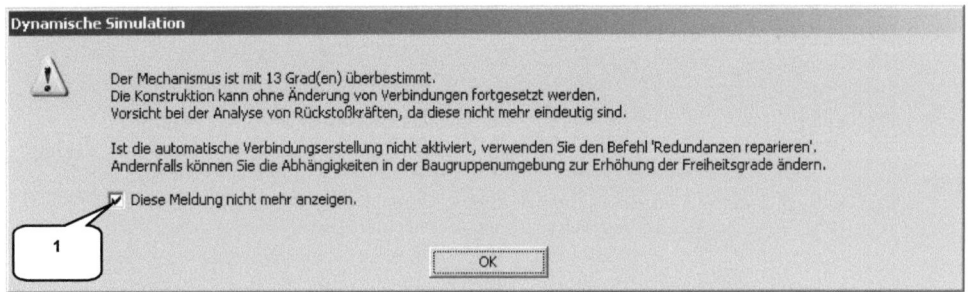

- ➢ Aktivieren: Diese Meldung nicht mehr anzeigen. (1)
- ➢ **OK**

HINWEIS: In den **Simulationseinstellungen** kann diese Meldung jederzeit wieder aktiviert werden.

7.3.2 Die Befehlsgruppen

Zuerst sollten die **Befehlsgruppen** auf Vollständigkeit kontrolliert werden:

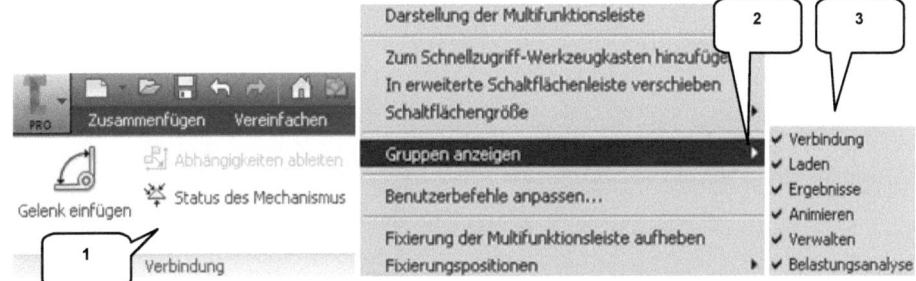

- ➢ **Rechte Maustaste** auf einen beliebigen Bereich in der Multifunktionsleiste (1)
- ➢ **Gruppen anzeigen** erweitern (2)
- ➢ Kontrollieren, ob alle Befehlsgruppen aktiviert sind (3)

Die folgende tabellarische Übersicht soll die Befehlsgruppen selbst und die darin enthaltenen Befehle darstellen.

- Grundlegender Aufbau der Dynamischen Simulation -

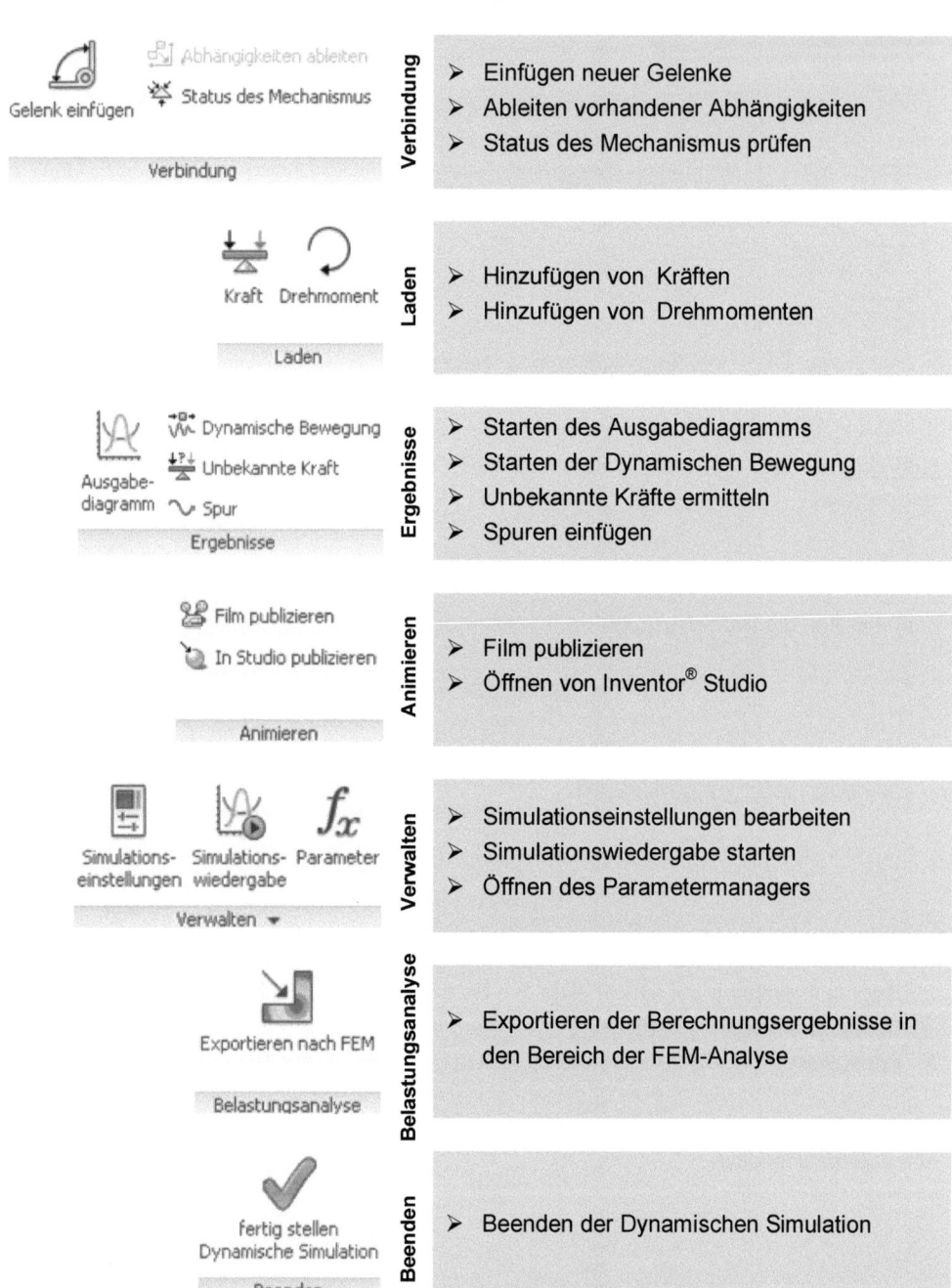

7.3.3 Der Browser

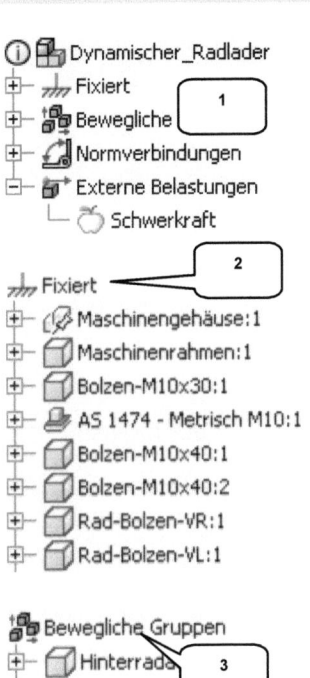

Im **Browser** (1) der Dynamischen Simulation werden alle Gelenkverbindungen der Baugruppe, alle externen Kräfte und Drehmomente und sonstige Randbedingungen aufgelistet. Die folgenden Ordner sind bereits vorhanden:

Fixiert (2)

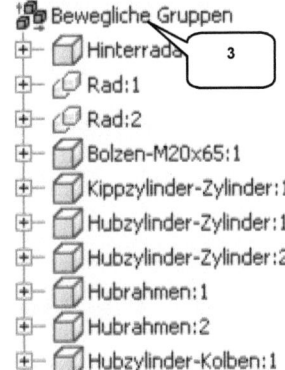

Im Ordner **Fixiert** werden alle Komponenten aufgelistet, die entweder keine oder alle Freiheitsgrade im Bereich der Dynamischen Simulation besitzen. Hierfür gibt es zwei Möglichkeiten: Den Komponenten wurden entweder im Bereich der Baugruppenmodellierung alle Freiheitsgrade entfernt (was eine starre Gelenkverbindung zur Folge hätte), oder ihnen wurden im Bereich der Baugruppenmodellierung keine Freiheitsgrade entfernt.

Bewegliche Gruppen (3)

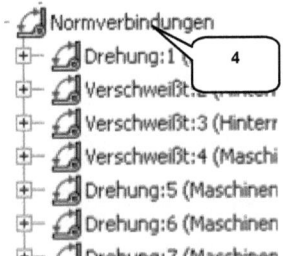

Im Ordner **Bewegliche Gruppen** werden alle anderen Komponenten einer Baugruppe zusammengefasst, welche mindestens einen Freiheitsgrad aufweisen aber höchstens fünf.

Ordner	Freiheitsgrade
Fixiert	0 oder 6
Bewegliche Gruppen	1 bis 5

Normverbindungen (4)

Der Ordner **Normverbindungen** enthält bereits vorhandenen Gelenkverbindungen, deren Bezeichnung durch die Verbindungsart und die dazugehörigen Komponenten beschrieben wird.

- Die Simulationseinstellungen -

Externe Belastungen (5)

Der Ordner **Externe Belastungen** beinhaltet alle Kräfte und Drehmomente die von außen auf das System wirken.

Weitere **Ordner** im Bereich der Dynamischen Simulation:

- **Rollverbindungen**
- **Schiebeverbindungen**
- **Kontaktverbindungen**
- **Kraftverbindungen**

Mögliche **Sonderbedingungen**:

- **Gelenke** mit internen Kräften, Drehmomenten oder Grenzen
- **Gelenke** mit Redundanzen
- **Objekte**, die deaktiviert oder unterdrückt wurden
- **Baugruppenabhängigkeiten**, die unterdrückt wurden

7.4 Die Simulationseinstellungen
7.4.1 Grundlagen: Simulationseinstellungen

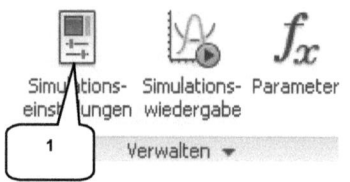

- Befehlsgruppe: **Verwalten**
- **Simulationseinstellungen** (1)

In den **Simulationseinstellungen** kann definiert werden, ob Abhängigkeiten aus dem Baugruppenbereich beim Öffnen der Dynamischen Simulation automatisch in Normgelenke konvertiert werden sollen, ob das Programm beim Starten der Dynamischen Simulation auf einen überbestimmten Mechanismus (Redundanzen) hinweisen soll und ob mobile Gruppen farblich darzustellen sind.

7.4.2 Abhängigkeiten in Gelenkverbindungen konvertieren

In den Simulationseinstellungen des Programms im Bereich der Dynamischen Simulation kann festgelegt werden, dass Verbindungen oder Abhängigkeiten aus der Baugruppenmodellierung **automatisch** in Gelenke konvertiert werden, sobald die Dynamische Simulation geöffnet wird.

In der folgenden Tabelle sollen daher die Zusammenhänge zwischen den verschiedenen Gelenkverbindungen und den jeweiligen Kombinationsmöglichkeiten von Abhängigkeiten oder Verbindungen aufgezeigt werden.

Verbindung	Option	Abhängigkeiten
Drehung	Option 1	Einfügen (Kante auf Kante)
	Option 2	Passend (Linie auf Linie)
	Option 3	Passend (Ebene schneidet Ebene)
	Option 4	Passend (zylindrische Fläche auf zylindrische Fläche)
Prismatisch	Option 1	Kombination zweier Passungen
Zylindrisch	Option 1	Passend (Linie auf Linie)
	Option 2	Passend (zylindrische Fläche auf zylindrische Fläche)
Kugelförmig	Option 1	Passend (Punkt auf Punkt)
	Option 2	Passend (kugelförmige Fläche auf kugelförmige Fläche)
Eben	Option 1	Passend (Ebene auf Ebene)
Punkt-Linie	Option 1	Passend (Linie auf Punkt)
	Option 2	Passend (Linie auf kugelförmige Fläche)
Linie-Ebene	Option 1	Passend (Ebene auf Linie)
Punkt-Ebene	Option 1	Passend (Ebene auf Punkt)
	Option 2	Passend (Ebene auf kugelförmige Fläche)
Verschweißt	Option 1	Kombination dreier Abhängigkeiten

7.4.3 Kontrollieren der Simulationseinstellungen

In den **Simulationseinstellungen** soll jetzt geprüft werden, ob nur das automatische Konvertieren von Abhängigkeiten in Normgelenke aktiviert ist. Die restlichen Optionen sollten deaktiviert werden.

- **Simulationseinstellungen** (1)
- ➢ Aktivieren: Abhängigkeiten automatisch in Normgelenke konvertieren (2)
- ➢ Restliche Optionen deaktivieren
- ➢ **OK** (alternativ: **Abbrechen**)

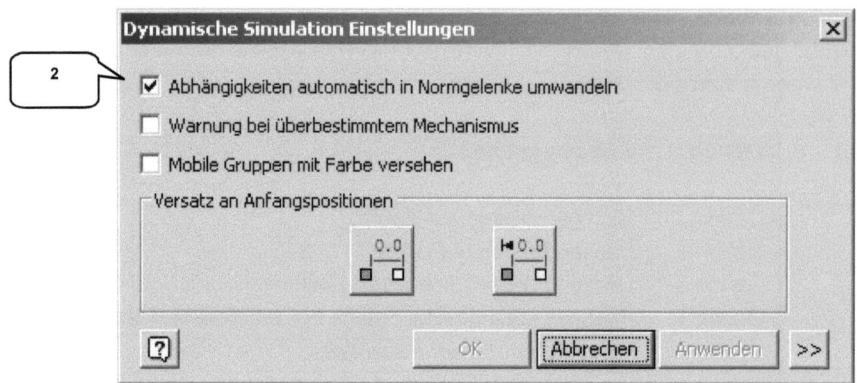

7.5 Manuelle und automatische Simulation
7.5.1 Grundlagen: Dynamische Bauteilbewegung (manuelle Simulation)

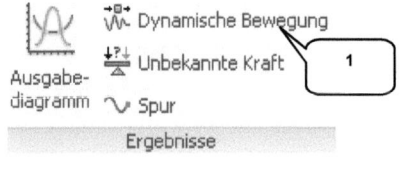

> Befehlsgruppe: **Ergebnisse**
> **Dynamische Bewegung** (1)

Bei der **Dynamischen Bewegung** wird der Mechanismus manuell durch die Bewegung der Maus bei gedrückter linker Maustaste auf ein Bauteil animiert. Die Mausbewegung simuliert hierbei eine äußere Krafteinwirkung, deren Multiplikationsfaktor (2) und Maximalwert (3) zu definieren sind. Der Wert der Dämpfung (4) kann hierbei in drei Stufen eingestellt werden.

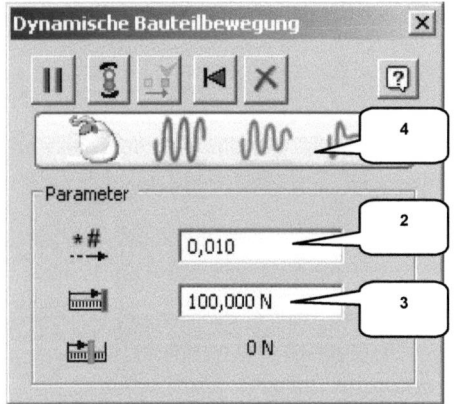

HINWEIS: Leider reagiert das Programm auf diesen Befehl sehr sensibel und stürzt oft ab. Hier hilft dann nur das Programm neu zu starten.

7.5.2 Grundlagen: Simulationswiedergabe (automatische Simulation)

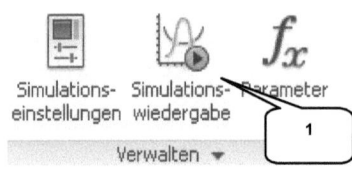

> Befehlsgruppe: **Verwalten**
> **Simulationswiedergabe** (1)

Mit der **Simulationswiedergabe** wird der gesamte Mechanismus unter Beachtung al-

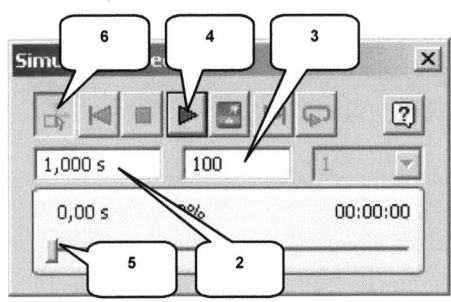

ler voreingestellten Parameter (wie z. B. Reibung und Dämpfung) und unter Einwirkung äußerer Kräfte und Drehmomente simuliert. Die Simulationsdauer (2) und die daraus resultierende Anzahl an Bildberechnungen (3) kann frei definiert werden.

Sobald die Simulation gestartet wurde (4), signalisiert der Schieberegler (5) den zeitlichen Verlauf der Simulation. Nach der Simulation kann wieder in den Konstruktionsmodus (6) zurück gewechselt werden.

7.5.3 Ausführen der Simulation

Alle Abhängigkeiten und Verbindungen aus dem Bereich der Baugruppenmodellierung wurden bereits in Normgelenke konvertiert, und ein erster Versuch der Simulation soll gestartet werden. Das Fenster **Simulationswiedergabe** müsste bereits geöffnet sein, was ansonsten nachzuholen ist (Befehlsgruppe **Verwalten**, Befehl Simulationswiedergabe).

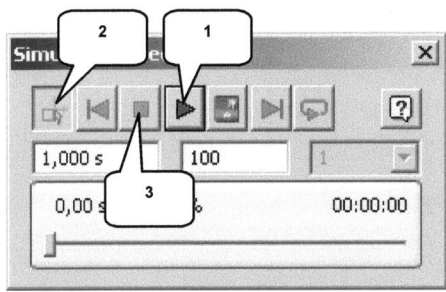

> ▶ **Wiedergabe** (1)
> Simulation durchführen
> **Konstruktionsmodus** (2)

HINWEIS: Der Button ■ **Stopp** (3) beendet eine Simulation vorzeitig. Der Button **Konstruktionsmodus** (2) lässt das Programm in den Konstruktionsbereich zurückkehren.

- Definieren der Schwerkraft -

Während der Simulation bewegt sich der Schieberegler (4) nach rechts, doch an der Baugruppe selbst ist nichts zu erkennen: Sie bleibt starr!

Eine Simulation erfordert mindestens eine Gelenkverbindung und mindestens eine Kraft / einen Antrieb. Gelenkverbindungen gibt es genügend in der Baugruppe, allerdings wurden noch keine Kräfte im System aktiviert.

7.6 Definieren der Schwerkraft
7.6.1 Die Normalfallbeschleunigung

Um Größe und Richtung der Normalfallbeschleunigung festlegen zu können, muss im Browser der Ordner **Externe Belastungen** erweitert und die darin enthaltene **Schwerkraft** bearbeitet werden.

Im gleichnamigen Befehlsfenster ist die Option **Vektorkomponenten** zu aktivieren. Weil der Radlader auf der X-Z-Ebene angeordnet wurde, muss die Schwerkraft in negativer Richtung der Y-Achse wirken. Hierfür ist im Eingabebereich **Vektorkomponenten** der Wert der Normalfallbeschleunigung (g) in der Zeile g[Y] mit -9810 mm/s² festzulegen.

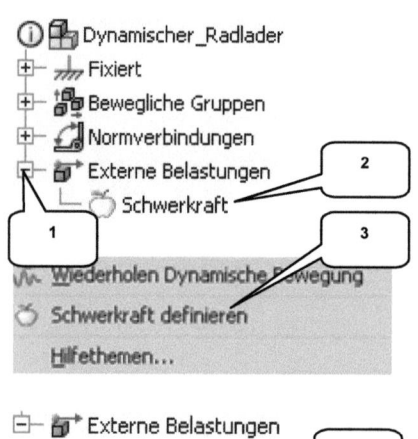

➢ **Externe Belastungen** erweitern (1)
➢ **Rechte Maustaste** auf **Schwerkraft** (2)
➢ **Schwerkraft definieren** (3)

➢ Aktivieren: Vektorkomponenten (4)
➢ g[Y]: -9810 mm/s² (5)
➢  **OK**

Newtons Apfel (6) sollte im Ergebnis in gelber Farbe leuchten.

🖫 Speichern

- Definieren der Schwerkraft -

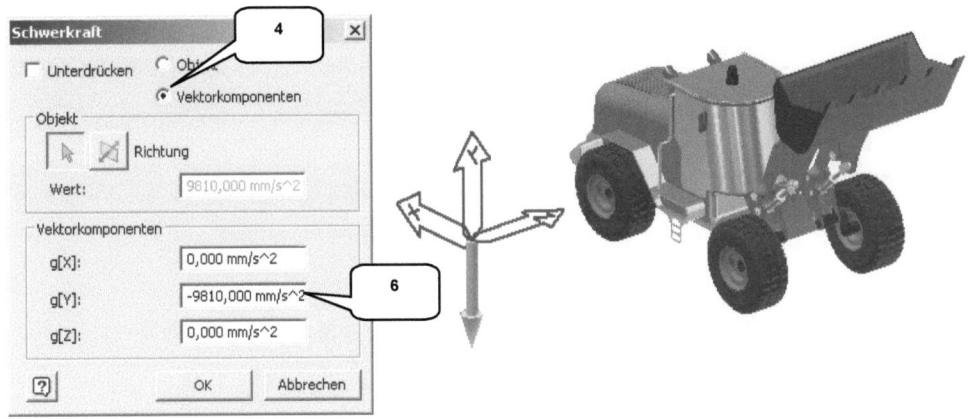

7.6.2 Ausführen und Aufzeichnen der Simulation

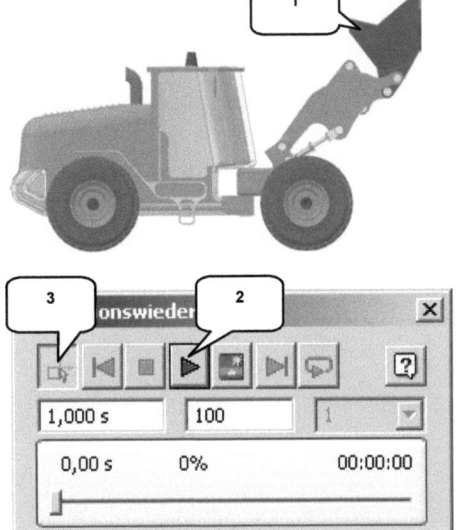

Nachdem jetzt auch eine externe Kraft (Schwerkraft) in das System eingebracht wurde, sollte die Simulation funktionieren. Der Hubapparat ist mit der linken Maustaste nach oben zu bewegen, bevor die **Wiedergabe** zu starten ist.

- Hubapparat nach oben schieben (1)
- ▶ **Wiedergabe** (2)
- Simulation ablaufen lassen
- **Konstruktionsmodus** (3)

Während der Simulation sollte sich der Hubapparat nach unten bewegen und dabei alle anderen Bauteile durchschlagen (4), da das Programm keine automatische Begrenzung vornimmt.

HINWEIS: Das Programm erkennt weder im Bereich der Baugruppenmodellierung noch im Bereich der Dynamischen Simulation automatisch **Kollisionen**, wenn die hierfür benötigten Kontrollmechanismen nicht vorab definiert wurden. Im Bereich der Baugruppenmodellierung können Bewegungen begrenzt oder Kontaktsätze definiert werden: Kollisionen werden dann automatisch erkannt und Bewegungen begrenzt. Im Bereich der Dynamischen Simulation gibt es ähnliche Möglichkeiten.

- Definieren der Schwerkraft -

Die letzte Simulation soll noch einmal wiederholt werden, um sie zusätzlich als *Video* zu speichern.

Ein Video einer Simulation kann erzeugt werden, wenn vor der Simulation der Befehl *Film publizieren* aktiviert wurde.

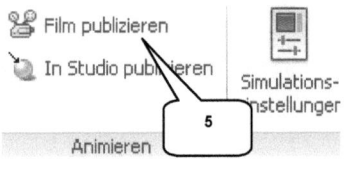

🎥 **Film publizieren** (5)
- Dateiname: Dyn-Sim-01-Schwerkraft (6)
- Dateityp: *.avi
- Speicherort: Projektordner
- [Speichern] **Speichern**

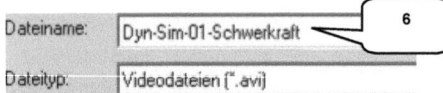

- Komprimierung: Microsoft Video 1 (7)
- Qualität: 100 % (8)
- [OK] **OK**

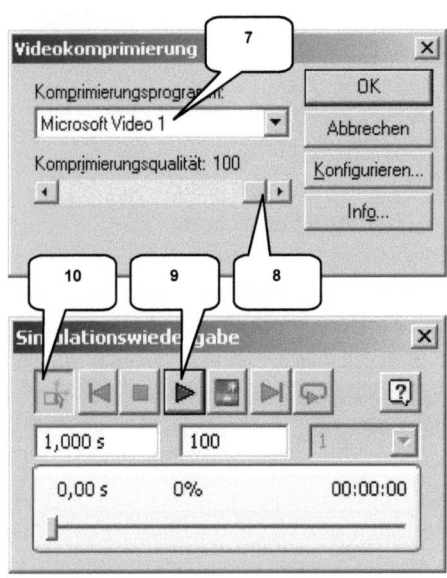

- ▶ *Wiedergabe* (9)
- Simulation ablaufen lassen
- *Konstruktionsmodus* (10)

Nachdem die Simulation einmal komplett durchgelaufen ist und wieder in den Konstruktionsmodus gewechselt wurde, kann die Videoaufnahme gestoppt werden. Hierfür ist der Befehl *Film publizieren* erneut anzuklicken.

🎥 **Film publizieren** (5)

- Begrenzen der Hubbewegung -

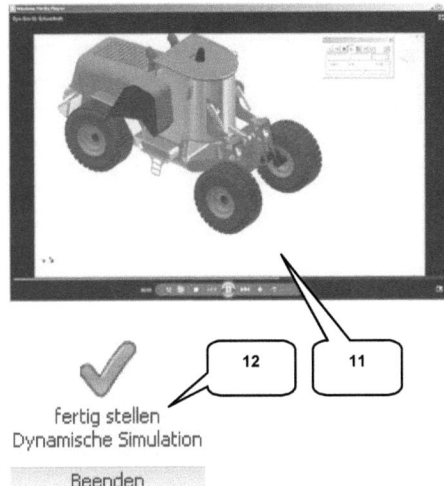

Die Videodatei **Dyn-Sim-01-Schwerkraft.avi** (11) sollte jetzt im Projektordner zu finden sein und kann dort per Doppelklick geöffnet und mit einem Video-Player angesehen werden.

Der Bereich der Dynamischen Simulation kann jetzt vorerst wieder verlassen werden, um im Bereich der **Baugruppenmodellierung** erste Optimierungen der Baugruppe vorzunehmen.

✔ **Fertigstellen** (12)

7.7 Begrenzen der Hubbewegung
7.7.1 Festlegen der Grenzwerte für die Hubbewegung

Arbeitsbereich:
Baugruppe (Zusammenfügen)

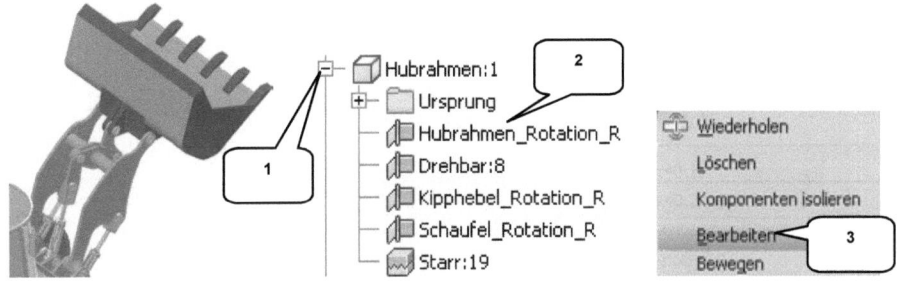

Um die Hubbewegung zu begrenzen, kann eine der vorhandenen Gelenkverbindungen bearbeitet werden. Im Browser unterhalb des Bauteils **Hubrahmen:1** befindet sich das Drehgelenk **Hubrahmen_Rotation_R**, was bearbeitet werden soll.

➢ **Hubrahmen:1** erweitern (1)
➢ **Rechte Maustaste** auf **Hubrahmen_Rotation_R** (2)
➢ **Bearbeiten** (3)

- Begrenzen der Hubbewegung -

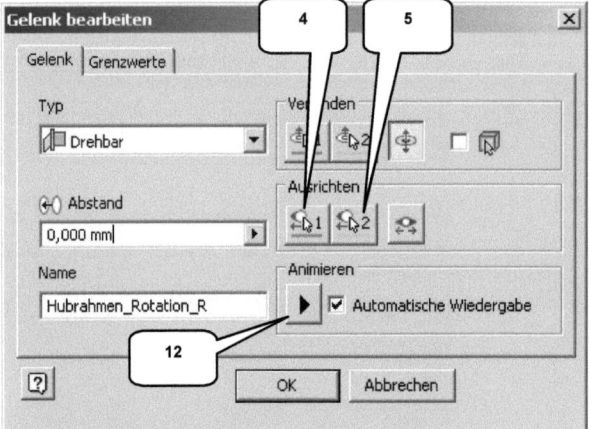

Im Befehlsfenster **Gelenk bearbeiten** (Register **Gelenk**) sind zusätzliche Referenzflächen zwischen Hubrahmen:1 und Maschinenrahmen:1 zu definieren.

➢ Ausrichten 1: Fläche Hubrahmen:1 (4)
➢ Ausrichten 2: Fläche Maschinenrahmen:1 (5)

Im Register **Grenzwerte** können jetzt die Winkel definiert werden.

➢ Register: Grenzwerte (6)
➢ Aktivieren: Start (7)
➢ Startwinkel: 60 ° (8)
➢ Aktueller Winkel: 123 ° (9)
➢ Aktivieren: Ende (10)
➢ Endwinkel: 123 ° (11)
➢ OK

HINWEIS: Mit dem Button ▶ **Animieren** (12) kann die aktuelle Gelenkverbindung animiert werden.

🖫 **Speichern**

Das Hubsystem sollte jetzt so wie in Abbildung (13) dargestellt ausgerichtet sein, wobei Position und Lage der Schaufel abweichen können.

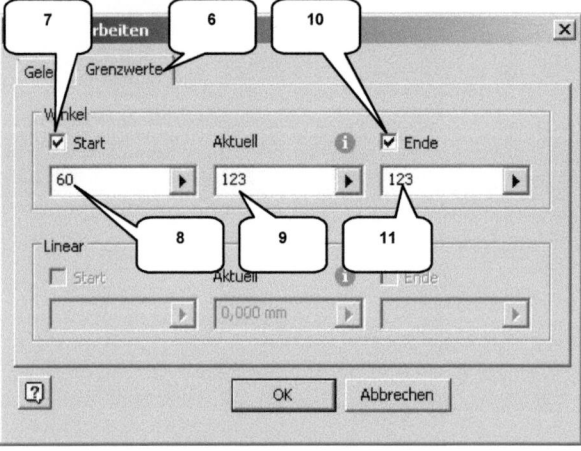

- Begrenzen der Hubbewegung -

Die Begrenzung des Drehgelenks **Hubrahmen_Rotation_R** wird im Browser durch ein +/- **Symbol** (14) gekennzeichnet.

HINWEIS: Sollte der letzte Schritt zu einem falschen Ergebnis führen (das Hubsystem befindet sich nach dem Ausrichten nicht in der gewünschten Position, sondern eventuell im Maschinengehäuse), muss die Bearbeitung der Gelenkverbindung wiederholt werden. Hier sind dann die Werteeingaben der Winkel zu negieren (-60°, -123°).

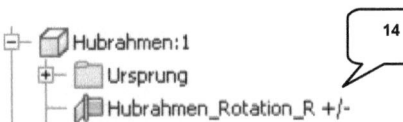

7.7.2 Ausführen und Aufzeichnen der Simulation

Arbeitsbereich:
Dynamische Simulation

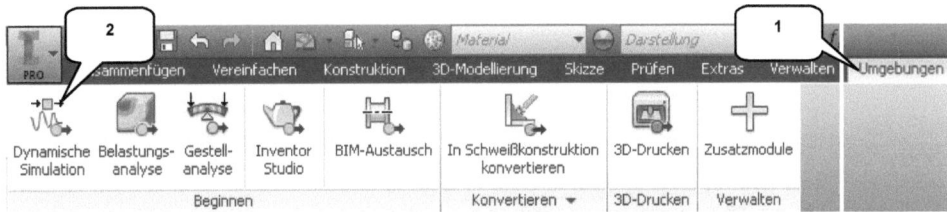

➢ Register: **Umgebungen** (1)
Dynamische Simulation (2)

Im Bereich der **Dynamischen Simulation** kann die **Simulation** erneut gestartet und zeitgleich ein Video aufgenommen werden.

- Begrenzen der Kippbewegung -

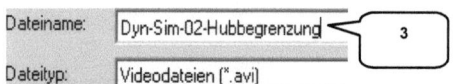

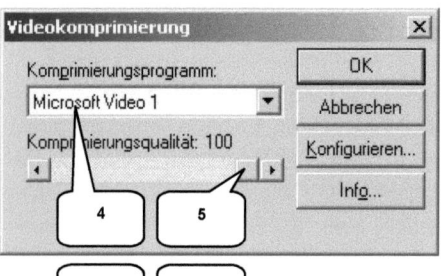

- 🎬 **Film publizieren**
- ➢ Dateiname: Dyn-Sim-02-Hubbegrenzung (3)
- ➢ Dateityp: *.avi
- ➢ **Speichern** *Speichern*

- ➢ Komprimierung: Microsoft Video 1 (4)
- ➢ Qualität: 100 % (5)
- ➢ **OK**

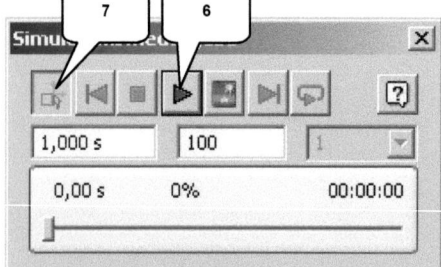

- ➢ ▶ *Wiedergabe* (6)
- ➢ Simulation ablaufen lassen
- ➢ *Konstruktionsmodus* (7)
- 🎬 **Film publizieren**

Das Hubsystem sollte sich jetzt wie gehabt nach unten bewegen, jedoch nicht mehr mit den anderen Bauteilen kollidieren (8).

Lediglich die Schaufel schwingt noch frei. Auch hier muss die Bewegung begrenzt werden, wobei eine zusätzliche Gelenkverbindung zu verwenden ist.

7.8 Begrenzen der Kippbewegung
7.8.1 Grundlagen: Gelenke in der Dynamischen Simulation

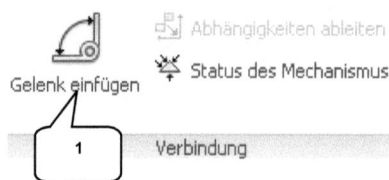

- ➢ Befehlsgruppe: **Verbindung**
- 🔗 **Gelenk einfügen** (1)

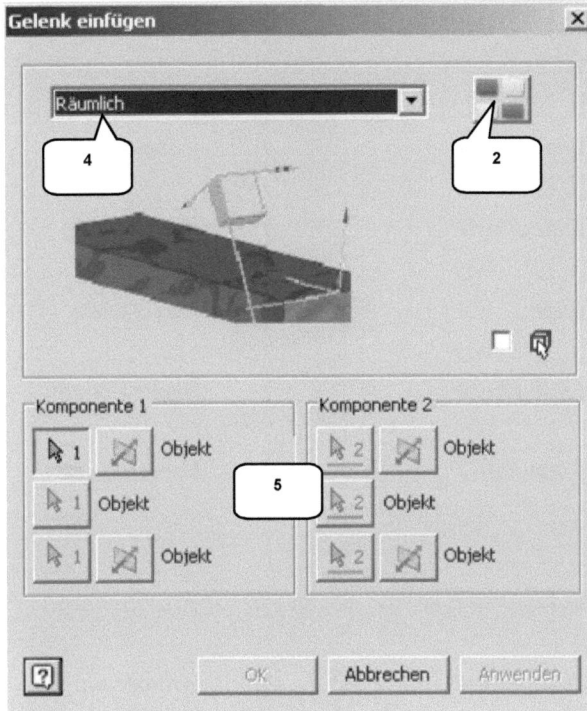

Mit dem Befehl *Gelenk einfügen* können zusätzliche Gelenkverbindungen erzeugt werden. Zur Verfügung stehen die folgenden *Kategorien* (2):

- Normverbindungen
- Rollverbindungen
- Kontaktverbindungen
- Gleitverbindungen
- Kraftverbindungen

Innerhalb der Kategorien stehen diverse *Gelenkverbindungen* zur Verfügung, die entweder im Fenster der *Gelenktabelle* (3) oder direkt aus einer Liste (4) ausgewählt werden können.

Nach der Auswahl der gewünschten Gelenkverbindung sind die entsprechenden *Referenzen* (5) wie z. B. Achsen, Kanten, Flächen oder Punkte auszuwählen.

Die folgende *tabellarische Darstellung* gibt eine Übersicht über die verschiedenen Kategorien und die zugehörigen Gelenkverbindungen.

- Begrenzen der Kippbewegung -

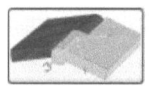 **Normverbindungen**

 Drehung　　　　　 Prismatisch

 Zylindrisch　　　　 Kugelförmig

Eben　　　　　　 Punkt-Linie

Linie-Ebene　　　 Punkt-Ebene

Räumlich　　　　 Verschweißt

  **Rollverbindungen**

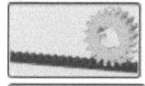 Zylinder auf Ebene　　 Zylinder auf Zylinder

 Zylinder in Zylinder　　 Zylinder auf Kurve

 Riemen　　　　　　　 Kegel auf Ebene

 Kegel auf Kegel　　　　 Kegel in Kegel

 Schraube　　 Schneckenrad

 **Kontaktverbindungen**

 2D-Kontakt

- Begrenzen der Kippbewegung -

 **Gleitverbindungen**

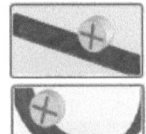	*Zylinder auf Ebene*	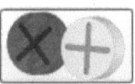	*Zylinder auf Zylinder*
	*Zylinder in Zylinder*	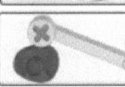	*Zylinder auf Kurve*
	*Punkt auf Kurve*		

 **Kraftverbindungen**

	*3D-Kontakt*		*Feder/ Dämpfung/ Buchse*

7.8.2 Grundlagen: 3D-Kontakt

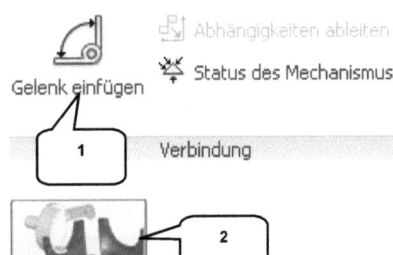

➤ Befehlsgruppe: **Verbindung**
◪ **Gelenk einfügen** (1)
➤ Auswahl: 3D-Kontakt (2)

Der **3D-Kontakt** ermöglicht es, Kollisionen zwischen Bauteilen aufzuspüren und Bewegungen automatisch zu begrenzen.

Grundsätzlich kann der Befehl mit dem **Kontaktsatz** im Bereich der Baugruppenmodellierung verglichen werden, wobei bei der nachträglichen Bearbeitung eines 3D-Kontaktes weitere Optionen zur Auswahl stehen, die später noch erläutert werden sollen.

7.8.3 Einfügen eines 3D-Kontaktes

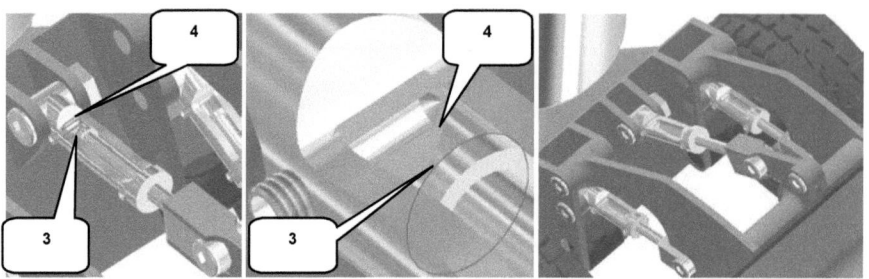

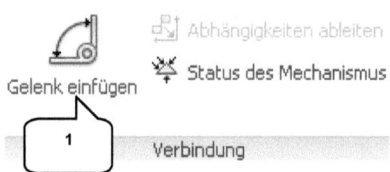

Da sich die Schaufel zum jetzigen Zeitpunkt noch völlig frei drehen kann, soll diese Bewegung eingeschränkt werden. Hierfür ist der Kippzylinder mit einem **3D-Kontakt** zu versehen.

- Gelenk einfügen (1)
  - Auswahl: 3D-Kontakt (2)
  - Komponente 1:
    Bohrungskante
    Kippzylinder-Kolben:1 (3)
  - Komponente 2:
    Zylinderkante
    Kippzylinder-Zylinder:1 (4)
  - OK

- Speichern

HINWEIS: Es sind die jeweiligen Zylinderkanten auszuwählen, nicht die Flächen!

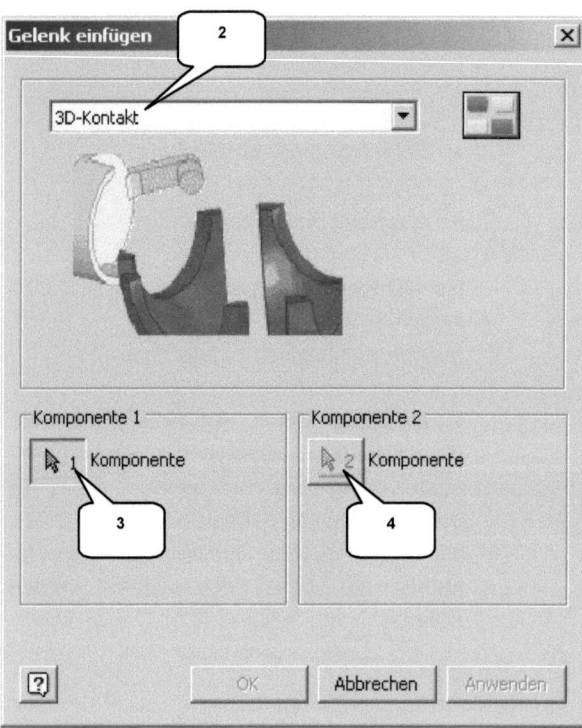

- Begrenzen der Kippbewegung -

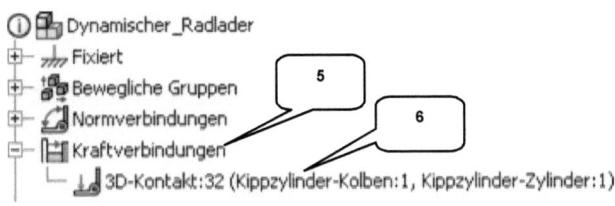

Im Browser wird der neue Ordner **Kraftverbindungen** (5) erstellt, in welchem der **3D-Kontakt** (6) zu finden ist.

HINWEIS: Gelenkverbindungen werden automatisch nummeriert (z. B. **3D-Kontakt:32**). Diese Nummerierung kann von den Abbildungen hier im Buch abweichen, was keine Rolle spielt. Wichtig ist, dass die entsprechenden Bauteile richtig sind. Sie werden in Klammern hinter der Gelenkverbindung dargestellt (z. B. **Kippzylinder-Kolben:1, Kippzylinder-Zylinder:1**). Auch hier spielt die Reihenfolge der Bauteile innerhalb der Klammer keine Rolle.

7.8.4 Bearbeiten vorhandener Gelenke

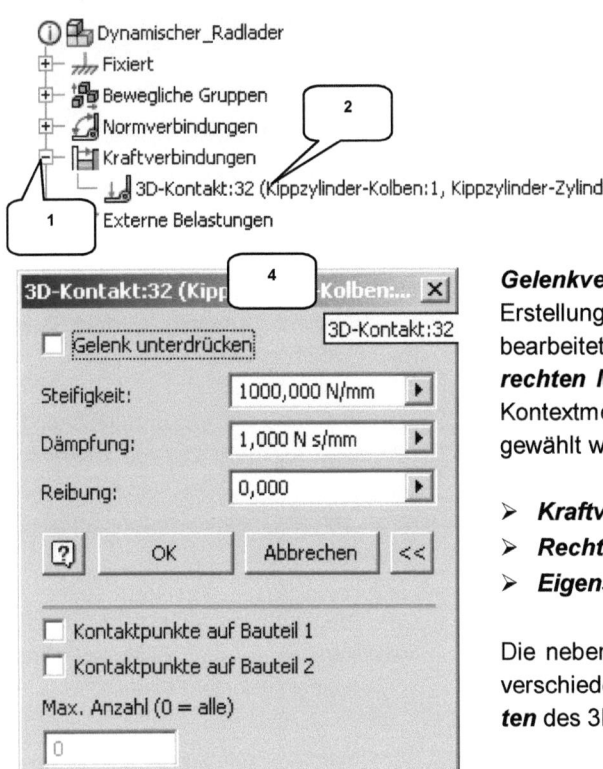

Gelenkverbindungen können nach ihrer Erstellung über den Browser geöffnet und bearbeitet werden. Hierfür muss mit der **rechten Maustaste** darauf geklickt und im Kontextmenü die Option **Eigenschaften** gewählt werden.

> **Kraftverbindungen** erweitern (1)
> **Rechte Maustaste** auf **3D-Kontakt** (2)
> **Eigenschaften** (3)

Die nebenstehende Abbildung (4) zeigt die verschiedenen **Bearbeitungsmöglichkeiten** des 3D-Kontaktes.

> Taste: **ESC**

7.8.5 Ausführen und Aufzeichnen der Simulation

Der neue 3D-Kontakt soll jetzt mittels einer **Simulation** geprüft werden.

❝ **Film publizieren**
> Dateiname:
  Dyn-Sim-03-Kippbegrenzung (1)
> Dateityp: *.avi
> [Speichern] **Speichern**

> Komprimierung: Microsoft Video 1
> Qualität: 100 %
> [OK] **OK**

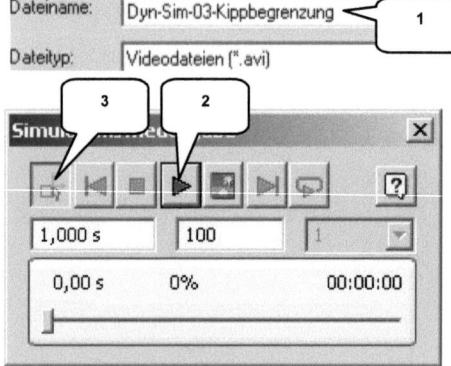

> ▶ **Wiedergabe** (2)
> Simulation ablaufen lassen
> **Konstruktionsmodus** (3)

❝ **Film publizieren**

Hubsystem und Schaufel bewegen sich während der Simulation abwärts und die Schaufel schwingt jetzt nicht mehr völlig frei durch die anderen Bauteile hindurch, sondern wird in ihrer Bewegung begrenzt.

Jedoch schlägt der gesamte Hubapparat relativ hart auf. Um die **Abwärtsbewegung** etwas zu verlangsamen, muss der gesamte Bewegungsapparat **gedämpft** werden.

Das Programm bietet entsprechende Möglichkeiten in den **Eigenschaften** vorhandener Gelenkverbindungen.

7.9 Dämpfen der Hub- und Kippbewegungen
7.9.1 Dämpfen der Hubzylinder

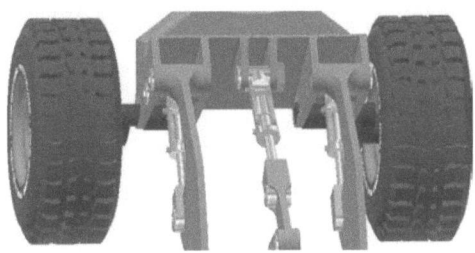

Die **Dämpfung** des Hubapparates soll über die Bearbeitung der zylindrischen Gelenkverbindungen der beiden Hubzylinder und des Kippzylinders erfolgen. Die Suche nach der richtigen Gelenkverbindung gestaltet sich schwierig, da im Ordner **Normverbindungen** bereits einige Gelenkverbindungen vorhanden sind.

Hier bietet das Programm eine gute Hilfe: die **Bauteilsuche**.

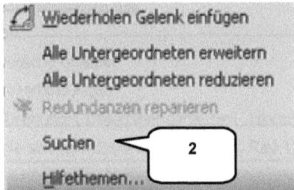

> **Rechte Maustaste** auf **Dynamischer_Radlader** (1)
> **Suchen** (2)
> Objekttyp: Gelenke (3)
> Suchbegriff: Hubzylinder-Kolben:1 (4)
> [Weitersuchen] **Weitersuchen**

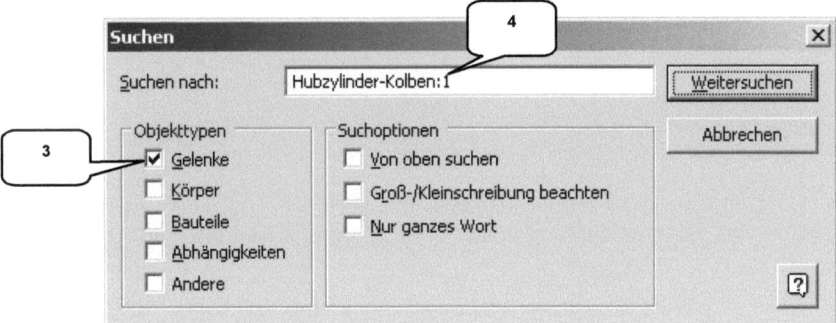

Wurde die gesuchte Gelenkverbindung lokalisiert, kann sie bearbeitet werden. Hierfür ist mit der **rechten Maustaste** daraufzuklicken und die Option **Eigenschaften** im Kontextmenü zu wählen. Darin muss die Gelenkkraft aktiviert und der Wert der Dämpfung mit 1 N s/mm definiert werden.

- Dämpfen der Hub- und Kippbewegungen -

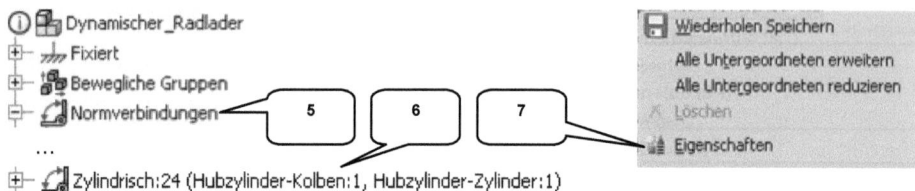

> **Normverbindungen** erweitern (5) (ggf.)
> **Rechte Maustaste** auf zylindrische Gelenkverbindung der Bauteile **Hubzylinder-Kolben:1, Hubzylinder-Zylinder:1** (6)
> **Eigenschaften** (7)

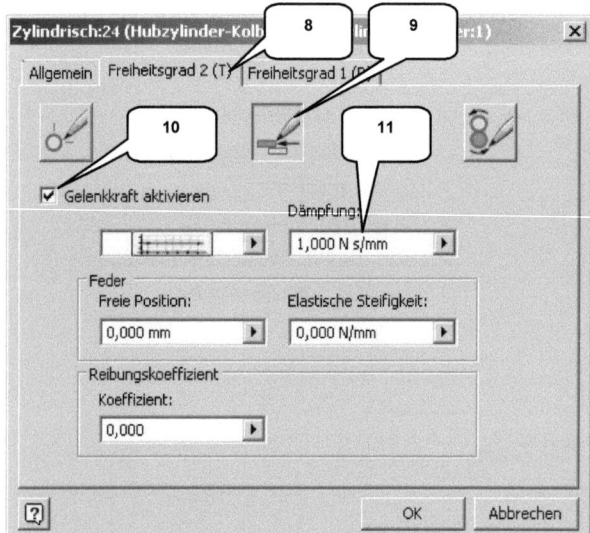

> Register: Freiheitsgrad (T) (8)
> Gelenkkraft bearbeiten (9)
> Gelenkkraft aktivieren (10)
> Dämpfung: 1 N s/mm (11)
> **OK**

Im **Browser** wird die Gelenkverbindung jetzt mit einem **Rautensymbol** gekennzeichnet.

Auch der zweite Hubzylinder soll gedämpft werden.

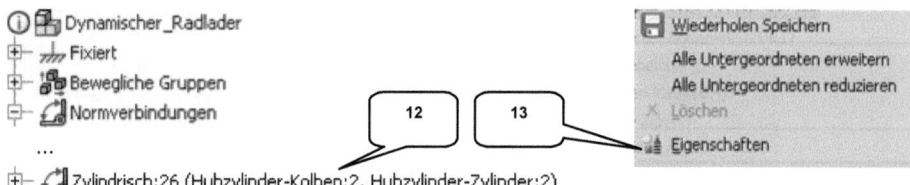

> **Rechte Maustaste** auf zylindrische Gelenkverbindung der Bauteile **Hubzylinder-Kolben:2, Hubzylinder-Zylinder:2** (12)
> **Eigenschaften** (13)

- Dämpfen der Hub- und Kippbewegungen -

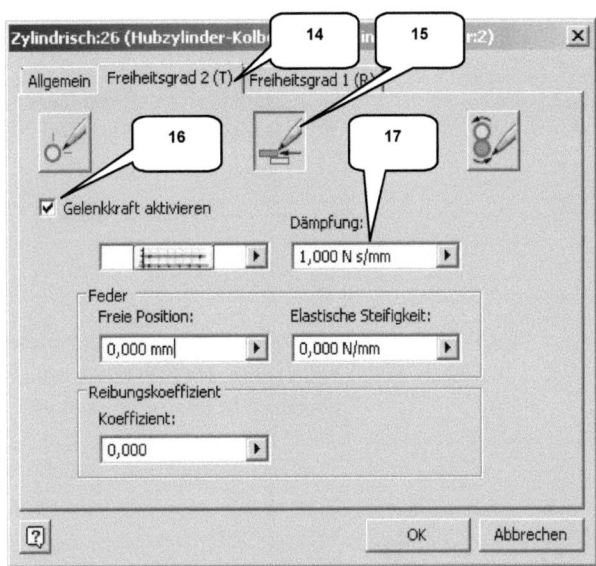

- Register: Freiheitsgrad (T) (14)
- Gelenkkraft bearbeiten (15)
- Gelenkkraft aktivieren (16)
- Dämpfung: 1 N s/mm (17)
- **OK**

Die **Abwärtsbewegung** des gesamten Hubapparates sollte sich in der Simulation jetzt deutlich verlangsamen. Um auch die Bewegung der Schaufel zu bremsen, ist der **Kippzylinder** ebenfalls zu dämpfen.

7.9.2 Dämpfen des Kippzylinders

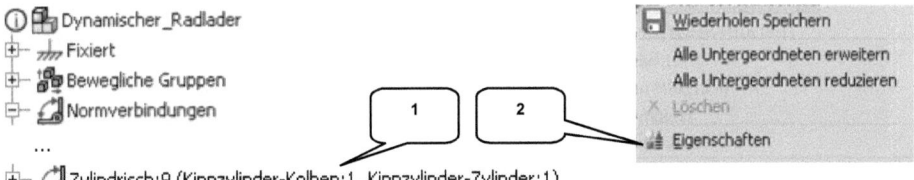

- **Rechte Maustaste** auf zylindrische Gelenkverbindung der Bauteile **Kippzylinder-Kolben:1, Kippzylinder-Zylinder:1** (1)
- **Eigenschaften** (2)

- Dämpfen der Hub- und Kippbewegungen -

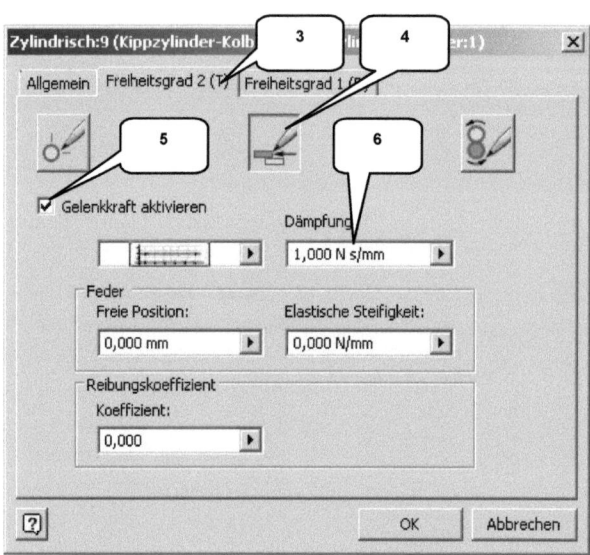

> Register: Freiheitsgrad (T) (3)
> Gelenkkraft bearbeiten (4)
> Gelenkkraft aktivieren (5)
> Dämpfung: 1 N s/mm (6)
> OK

🖫 Speichern

Die geänderten Einstellungen sollen jetzt mittels einer neuen *Simulation* überprüft werden.

7.9.3 Ausführen und Aufzeichnen der Simulation

🎬 Film publizieren
> Dateiname:
  Dyn-Sim-04-Dämpfung (1)
> Dateityp: *.avi
> Speichern *Speichern*

> Komprimierung: Microsoft Video 1
> Qualität: 100 %
> OK

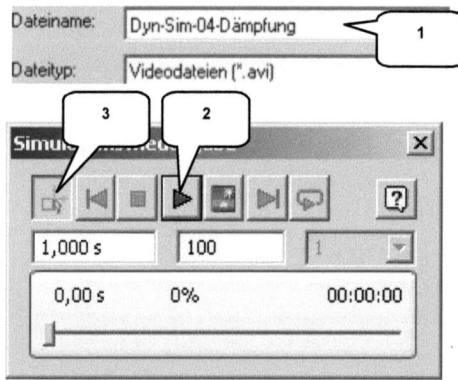

> ▶ *Wiedergabe* (2)
> Simulation ablaufen lassen
> *Konstruktionsmodus* (3)
🎬 Film publizieren

Das Programm quittiert die veränderten Parameter mit einem erheblichen Mehraufwand an Berechnungen. Hubsystem und Schaufel bewegen sich jetzt wesentlich langsamer.

7.10 Definition der Reibungskoeffizienten
7.10.1 Drehgelenke mit Reibungskoeffizient und Reibradius versehen

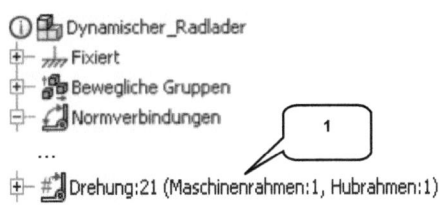

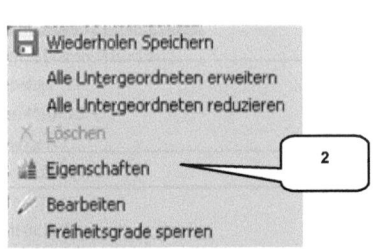

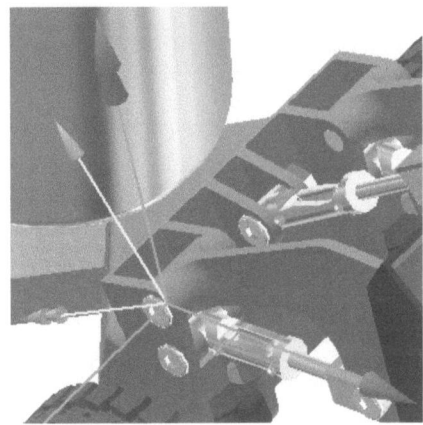

Bewegungen können verlangsamt werden, wenn Gelenkverbindungen mit einer Dämpfung versehen werden oder indem *Reibungskoeffizienten* definiert werden.

Hierfür sind die Eigenschaften der zu bearbeitenden Gelenkverbindung zu öffnen um darin das **Gelenkdrehmoment** zu aktivieren. Neben dem Reibungskoeffizienten ist dort der Reibradius festzulegen.

Im Folgenden sollen die **Drehgelenke** zwischen Hubrahmen und Maschinenrahmen mit Reibungskoeffizienten und Reibradien versehen werden, um diese Bewegungen weiter zu verlangsamen.

> **Rechte Maustaste** auf Drehgelenk der Bauteile **Maschinenrahmen:1, Hubrahmen:1** (1)
> **Eigenschaften** (2)

Als Wert für den **Reibungskoeffizienten** soll der Betrag 0,1 eingetragen werden, was einer trockenen Reibung von Stahl auf Stahl entspricht.

Der Wert für den **Reibradius** beträgt 5 mm, weil der Durchmesser des Gewindebolzens, der die Bauteile Maschinenrahmen:1 und Hubrahmen:1 miteinander verbindet, 10 mm beträgt.

- Definition der Reibungskoeffizienten -

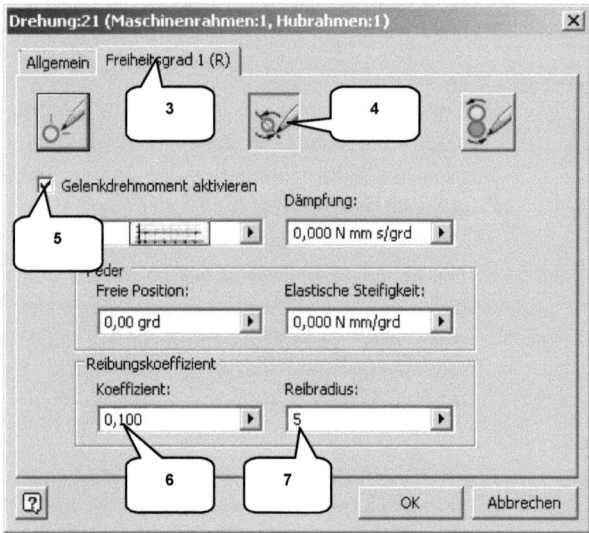

- Register: Freiheitsgrad (R) (3)
- Gelenkdrehmoment bearbeiten (4)
- Gelenkdrehmoment aktivieren (5)
- Reibungskoeffizient: 0,1 (6)
- Reibradius: 5 mm (7)
- **OK**

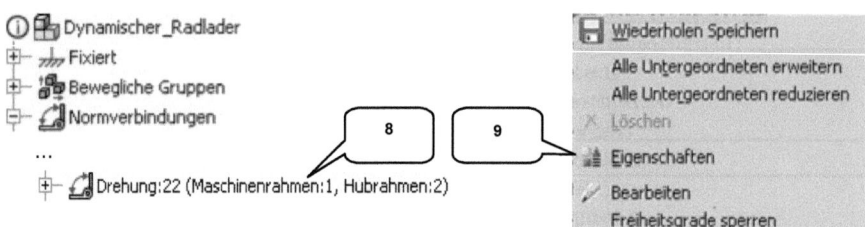

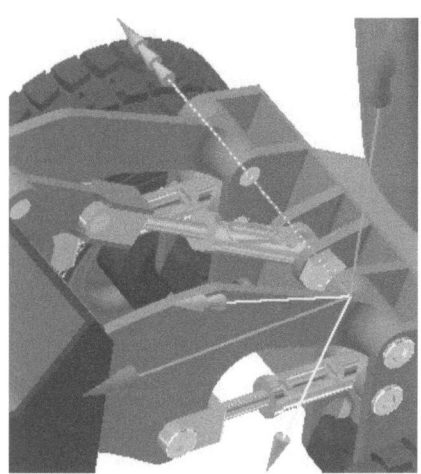

Dieselben Einstellungen sind auch zwischen den Bauteilen Maschinenrahmen:1 und Hubrahmen:2 zu übernehmen.

- **Rechte Maustaste** auf zylindrische Gelenkverbindung der Bauteile **Maschinenrahmen:1, Hubrahmen:2** (8)
- **Eigenschaften** (9)

- Die Bodenplatte -

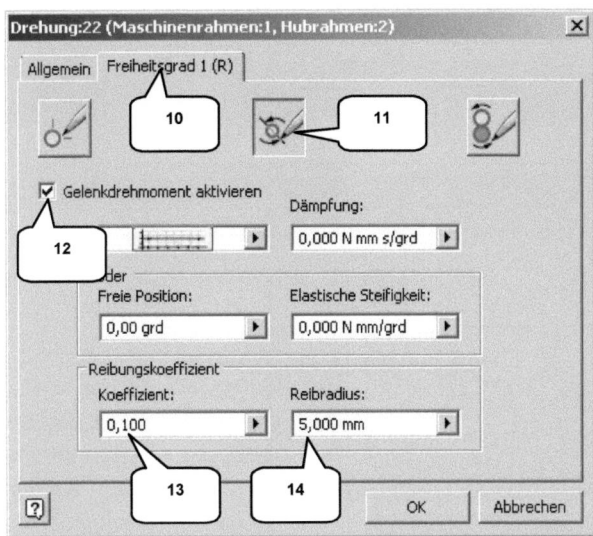

> Register: Freiheitsgrad (R) (10)
> Gelenkdrehmoment bearbeiten (11)
> Gelenkdrehmoment aktivieren (12)
> Reibungskoeffizient: 0,1 (13)
> Reibradius: 5 mm (14)
> OK

Speichern

7.11 Die Bodenplatte
7.11.1 Platzieren und Ausrichten der Bodenplatte

Arbeitsbereich:
Baugruppe (Zusammenfügen)

Die Baugruppe soll jetzt um ein weiteres Bauteil – die **Bodenplatte** – erweitert werden. Hierfür ist der Bereich der Dynamischen Simulation zu verlassen.

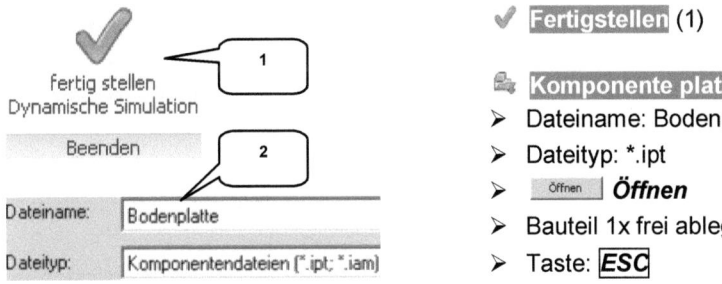

✔ Fertigstellen (1)

Komponente platzieren
> Dateiname: Bodenplatte (2)
> Dateityp: *.ipt
> Öffnen **Öffnen**
> Bauteil 1x frei ablegen
> Taste: **ESC**

Die **Bodenplatte** soll unterhalb des Radladers abgelegt (3) und anschließend mit einer tangentialen Abhängigkeit an den Rädern des Radladers befestigt werden.

- Die Bodenplatte -

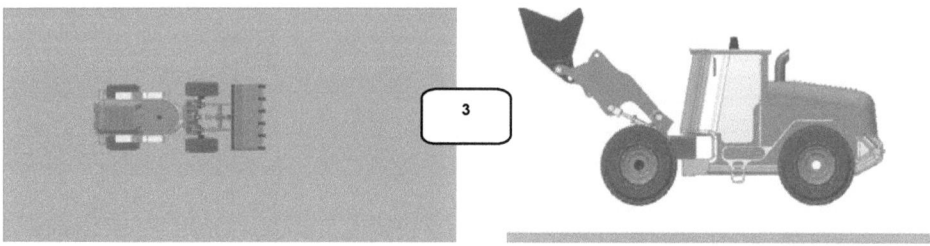

7.11.2 Ausrichten der Bodenplatte am Radlader

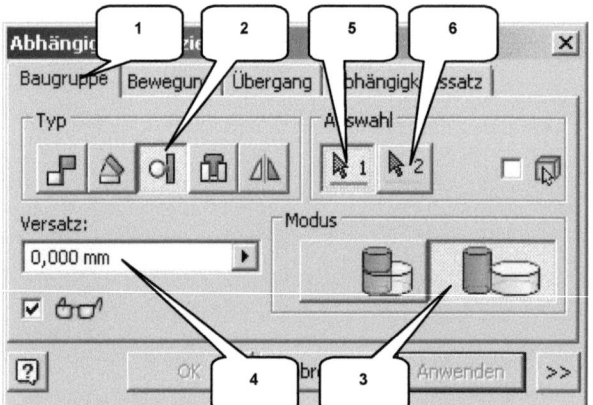

Zur tangentialen Ausrichtung der Bodenplatte an den 4 Rädern des Radladers ist der Befehl **Abhängig machen** zu verwenden. Begonnen werden kann mit einem beliebigen Rad.

🔗 **Abhängig machen**
- Register: Baugruppe (1)
- Typ: Tangential (2)
- Modus: Außerhalb (3)
- Versatz: 0 mm (4)
- Auswahl 1: Oberfläche Bodenplatte (5)
- Auswahl 2: Lauffläche Rad (6)
- **OK**

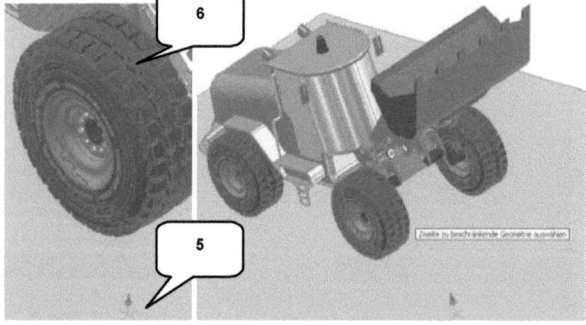

Die restlichen Räder sind ebenfalls über tangentiale Abhängigkeiten mit der Bodenplatte zu verbinden.

HINWEIS: An den Rädern befindet sich in der Mitte der Lauffläche eine **durchgängige zylindrische Fläche** (6), die für die tangentiale Abhängigkeit zu nutzen ist.

- Die Bodenplatte -

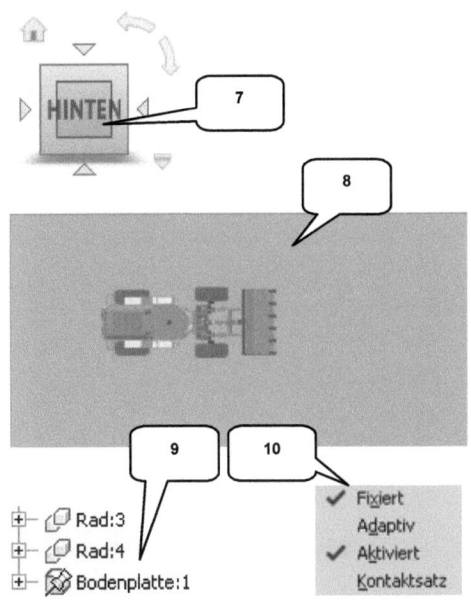

Vor der endgültigen Fixierung der Bodenplatte ist am *ViewCube* die Ansicht *HINTEN* zu wählen und die Bodenplatte bei gedrückter linker Maustaste, wie nebenstehend dargestellt, auszurichten.

> *ViewCube-Ansicht: HINTEN* (7)
> Bodenplatte ausrichten (8)

> *Rechte Maustaste* auf *Bodenplatte* (9)
> Aktivieren: *Fixiert* (10)

🖬 Speichern

7.11.3 Ausführen und Aufzeichnen der Simulation

Arbeitsbereich:
Dynamische Simulation

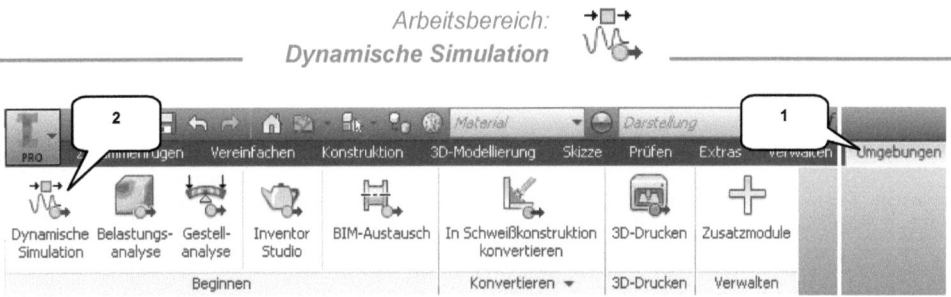

Um zu kontrollieren, wie sich Bodenplatte und Radlader während der Simulation verhalten, ist in den Bereich der *Dynamischen Simulation* zu wechseln und dort eine weitere Simulation zu starten. Am *ViewCube* ist hierfür die Ansicht *UNTEN* zu aktivieren.

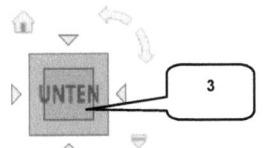

> Register: *Umgebungen* (1)
> Dynamische Simulation (2)

> *ViewCube-Ansicht: UNTEN* (3)

- 2D-Kontakt zwischen Schaufel und Bodenplatte erzeugen -

👥 Film publizieren
- Dateiname: Dyn-Sim-05-Bodenplatte (4)
- Dateityp: *.avi
- [Speichern] **Speichern**

- Komprimierung: Microsoft Video 1
- Qualität: 100 %
- [OK] **OK**

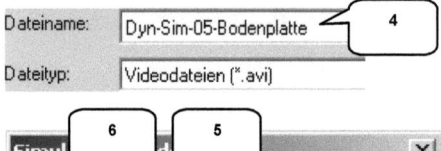

- ▶ **Wiedergabe** (5)
- Simulation ablaufen lassen
- 📐 **Konstruktionsmodus** (6)

👥 Film publizieren

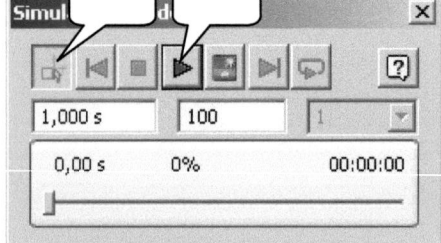

Wie zu erwarten war, fällt die Schaufel des Radladers durch die Bodenplatte hindurch, weil das Programm ohne weitere Einstellungen Kollision nicht automatisch erkennen kann.

Um diesen Fehler zu beheben, soll ein **2D-Kontakt** in die Baugruppe eingefügt werden.

7.12 2D-Kontakt zwischen Schaufel und Bodenplatte erzeugen
7.12.1 Grundlagen: 2D-Kontakt

Ein **2D-Kontakt** ermöglicht es dem Programm, während einer Simulation, die äußeren Konturen zweier Bauteile zu erkennen und Kollisionen zu vermeiden. Voraussetzung ist, dass beide Bauteile sich nur in einer Ebene (zweidimensional) bewegen.

7.12.2 Platzieren des 2D-Kontaktes

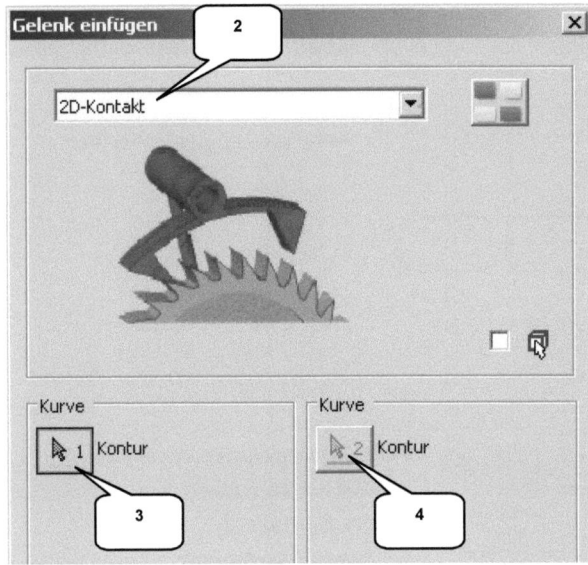

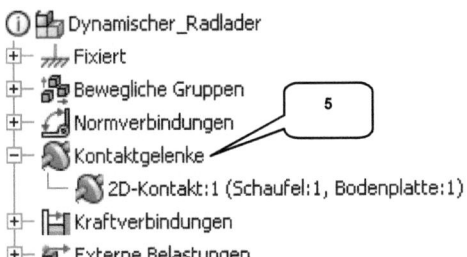

Im Befehl selbst sind dann lediglich die Seitenflächen von Schaufel und Bodenplatte auszuwählen. Zur besseren Darstellung ist vorab die Ansicht **UNTEN** am *ViewCube* zu aktivieren.

> **ViewCube-Ansicht:**
> **UNTEN** (1)

Gelenk einfügen
> Auswahl: 2D-Kontakt (2)
> Komponente 1:
> Seitenfläche Schaufel (3)
> Komponente 2:
> Seitenfläche Bodenplatte (4)
> **OK**

Speichern

HINWEIS: Es ist die schmale Seitenfläche der Bodenplatte gemeint! Nicht die großen Flächen auf Ober- oder Unterseite.

Im Browser wird ein neuer Ordner **Kontaktgelenke** (5) erzeugt, der den **2D-Kontakt** enthält.

7.12.3 Bearbeiten vorhandener 2D-Kontakte

Da bei der Erstellung einer 2D-Kontaktverbindung keine weiteren Optionen im Befehlsfenster zur Verfügung stehen, sollen im Nachhinein die **Eigenschaften** des bereits vorhandenen Kontaktgelenkes betrachtet werden:

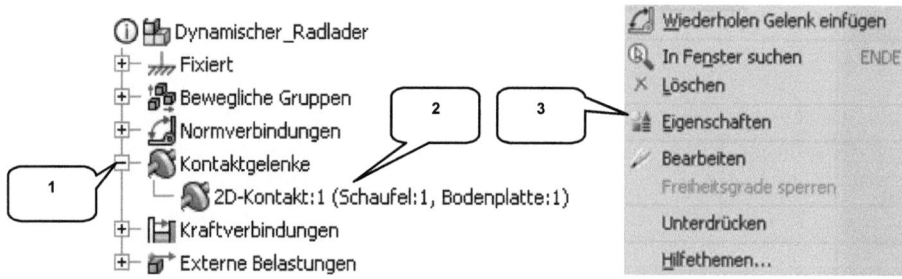

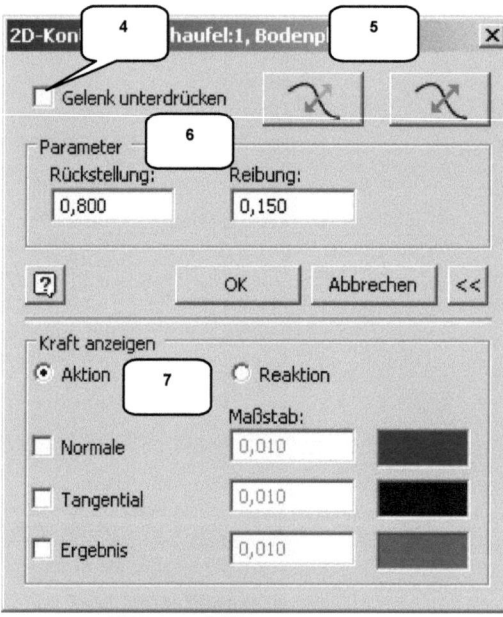

> **Kontaktgelenke** erweitern (1)
> **Rechte Maustaste** auf **2D-Kontakt** (2)
> **Eigenschaften** (3)

In den **Eigenschaften** des Kontaktgelenkes findet man die folgenden zusätzlichen Optionen:

> Vollständige Unterdrückung des Gelenkes (4)
> Richtungsänderung des Normalenvektors (5)
> Veränderung von Rückstellung und Reibung (6)
> Darstellung der Kräfte (7)

Der Bereich der Eigenschaften ist wieder zu verlassen.

> **OK**

- 2D-Kontakt zwischen Schaufel und Bodenplatte erzeugen -

7.12.4 Ausführen und Aufzeichnen der Simulation

Eine neue **Simulation** soll die Auswirkungen testen.

Film publizieren
- Dateiname: Dyn-Sim-06-2D-Kontakt (1)
- Dateityp: *.avi
- **Speichern** **Speichern**

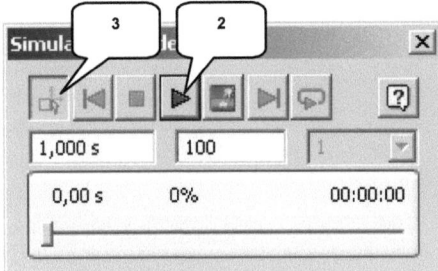

- Komprimierung: Microsoft Video 1
- Qualität: 100 %
- **OK**

- ▶ **Wiedergabe** (2)
- Simulation ablaufen lassen
- **Konstruktionsmodus** (3)

Film publizieren

Der gesamte Hubapparat (4) fällt nach wie vor nach unten. Sobald die Spitze der Schaufel die Bodenplatte erreicht (5), verlangsamt sich allerdings die Bewegung, und die Schaufel rutscht auf der Bodenplatte entlang, bis sie entweder vollständig darauf aufliegt oder bis das Ende der Simulation erreicht wurde (6).

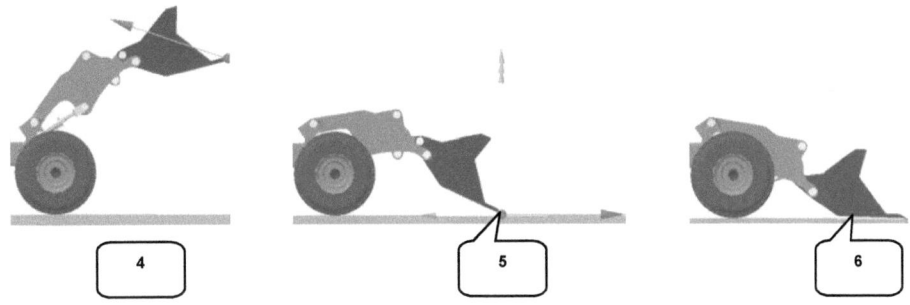

7.13 Einfügen eines Feder-Dämpfer-Systems
7.13.1 Grundlagen: Feder/ Dämpfung/ Buchse

Der Befehl **Feder/ Dämpfung/ Buchse** fügt ein Feder-Dämpfer-System in eine Baugruppe ein, was anschließend noch bearbeitet werden muss. Während der Platzierung werden lediglich Position und Ausrichtung definiert.

Detaillierte Eingaben sind erst nach der Erstellung des Feder-Dämpfer-Systems möglich und können im Browser über die **Eigenschaften** im Kontextmenü der rechten Maustaste gestartet werden. Hier muss zuerst der gewünschte Typ (1) gewählt werden, um anschließend die mechanischen und physikalischen Eigenschaften (2, 3) zu definieren.

Die folgende tabellarische Übersicht zeigt die möglichen **Federtypen** und die optionalen **Parameter**:

Typ	Parameter	
Spiralfeder	Steifigkeit, freie Länge, Dämpfung, Abmessungen	
Feder	Steifigkeit, freie Länge, Dämpfung, Abmessungen	
Federdämpfung	Steifigkeit, freie Länge, Dämpfung, Abmessungen	
Dämpfung	Dämpfung, Abmessungen	
Buchse	Kraft, Abmessungen	

7.13.2 Platzieren des Federsystems

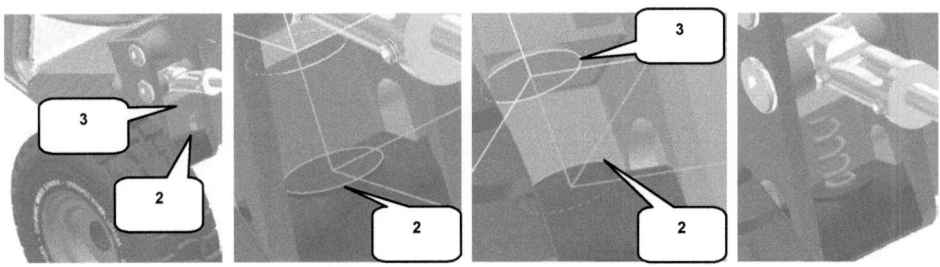

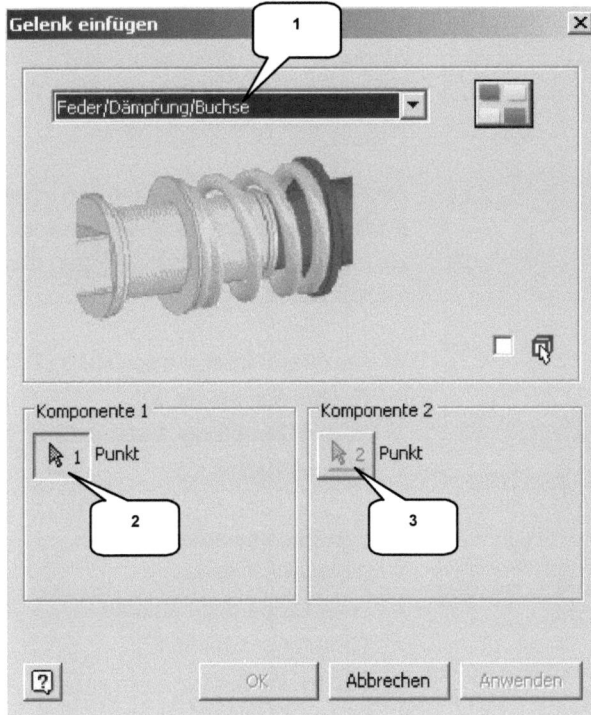

Zwischen dem Maschinenrahmen und den beiden Radbolzen sollen zwei **Federdämpfer** platziert werden.

Als **Referenzen** zur Platzierung der Federsysteme werden die jeweiligen Zylinderkanten an den Bauteilen Rad-Bolzen-VR:1 und Maschinenrahmen:1 ausgewählt. Weitere Optionen können erst später festgelegt werden.

◊ Gelenk einfügen
- Auswahl: Feder/ Dämpfung/ Buchse (1)
- Komponente 1: Zylinderkante Rad-Bolzen-VR:1 (2)
- Komponente 2: Zylinderkante Maschinenrahmen:1 (3)
-  **OK**

🔲 Speichern

7.13.3 Bearbeiten des Federsystems

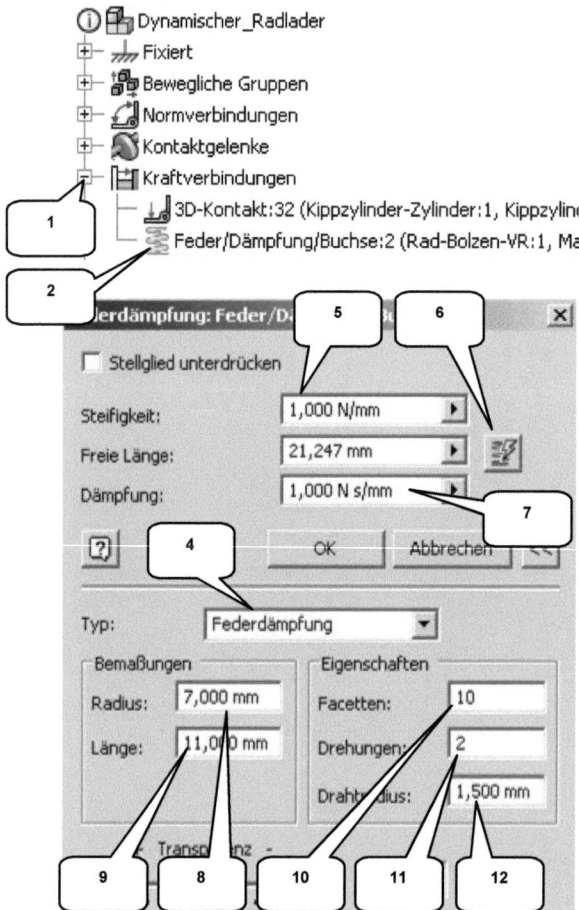

Im Browser wird die neue **Federverbindung** noch grau abgebildet. Das Programm signalisiert damit, dass weitere Schritte erforderlich sind.

Zuerst muss der gewünschte Typ – die **Federdämpfung** – festgelegt werden, um darüber die benötigten Parameter freizuschalten.

➢ **Kraftverbindungen** erweitern (1)
➢ **Rechte Maustaste** auf **Feder/ Dämpfung/ Buchse** (2)
➢ **Eigenschaften** (3)

➢ Typ: Federdämpfung (4)
➢ Steifigkeit: 1 N/mm (5)
➢ Freie Länge: Aktualisieren (6)
➢ Dämpfung: 1 N/mm (7)
➢ Radius: 7 mm (8)
➢ Länge: 11 mm (9)
➢ Facetten: 10 (10)
➢ Drehungen: 2 (11)
➢ Drahtradius: 1,5 mm (12)
➢ **OK**

- Schraubverbindungen -

Dieselbe **Federdämpfung** kann jetzt auf der gegenüberliegenden Seite des Radladers zwischen den Bauteilen Maschinenrahmen:1 und Rad-Bolzen-VL:1 eingefügt werden.

HINWEIS: Werden **Feder-Dämpfer-Systeme** dynamisch beansprucht, dann werden ihre physikalischen Eigenschaften wie z. B. **Steifigkeit**, **Dämpfung** und **freie Länge** in die Simulation mit einbezogen. Die Eingabewerte der Bereiche **Bemaßungen** und **Eigenschaften** haben hingegen keinen Einfluss auf die Berechnungsergebnisse: sie dienen lediglich der grafischen Darstellung.

7.14 Schraubverbindungen
7.14.1 Öffnen der Baugruppe

Arbeitsbereich:
Baugruppe (Zusammenfügen)

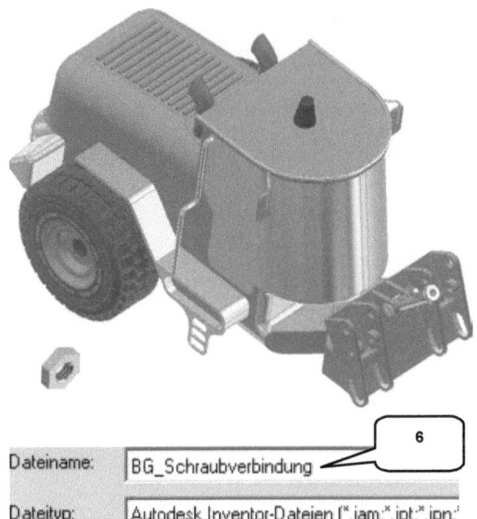

In der folgenden Übung soll eine **Schraubverbindung** simuliert werden, wofür eine neue Datei zu öffnen ist.

📂 **Öffnen**
➢ Dateiname: BG_Schraubverbindung (1)
➢ Dateityp: *.iam
➢  **Öffnen**

In dieser Baugruppendatei befinden sich einige wenige Komponenten des Radladers, welche bereits aneinander befestigt wurden, sowie die noch völlig frei im Raum liegende **Sechskantmutter**.

Sie ist zuerst axial mit dem Gewindebolzen zu verbinden und anschließend über eine Flächenabhängigkeit zum Maschinenrahmen im Anstand von 10 mm zu diesem anzuordnen.

7.14.2 Positionieren der Sechskantmutter

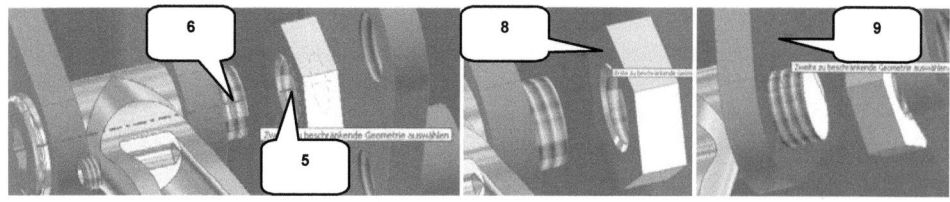

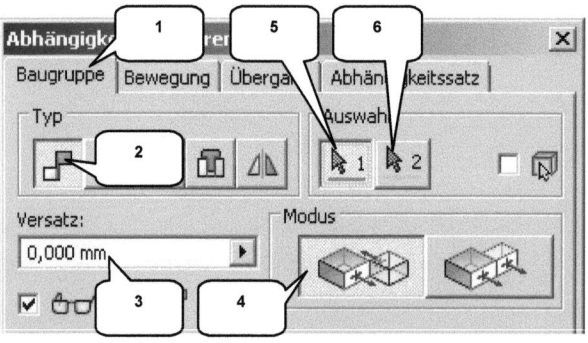

Abhängig machen
- Register: Baugruppe (1)
- Typ: Passend (2)
- Versatz: 0 mm (3)
- Modus: Passend (4)
- Auswahl 1: Gewindefläche Sechskantmutter (5)
- Auswahl 2: Gewindefläche Schraube (6)
- OK

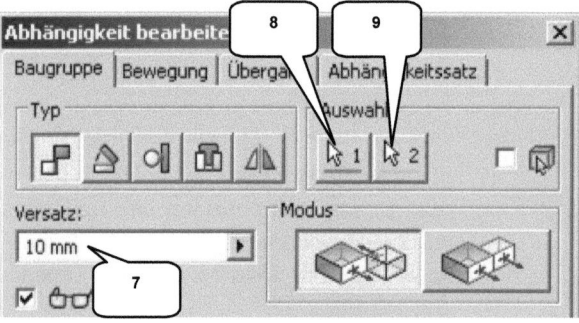

Abhängig machen
- Register: Baugruppe (1)
- Typ: Passend (2)
- Versatz: 10 mm (7)
- Auswahl 1: Seitenfläche Sechskantmutter (8)
- Auswahl 2: Seitenfläche Maschinenrahmen (9)
- OK

HINWEIS: Sollte sich das Setzen der Flächenabhängigkeit als schwierig erweisen, weil die Sechskantmutter nach dem Setzen der axialen Abhängigkeit möglicherweise zu dicht am Maschinenrahmen angeordnet wurde, so müsste die Sechskantmutter vorher manuell etwas davon entfernt werden.

- Schraubverbindungen -

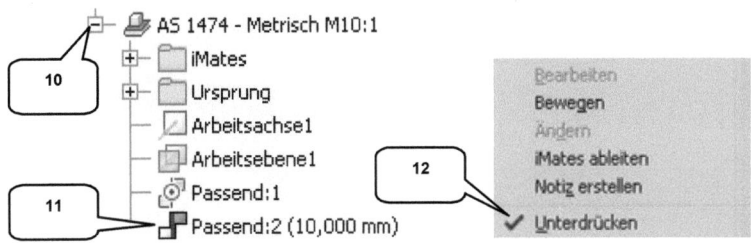

Die zuletzt erzeugte **Flächenabhängigkeit** muss jetzt wieder deaktiviert werden, da sie nur zur Positionierung der Sechskantmutter diente, für die folgenden Arbeitsschritte aber nicht aktiv sein darf. Die Sechskantmutter sollte anschließend nicht mehr bewegt werden!

- **Sechskantmutter AS 1474 - Metrisch M10:1** erweitern (10)
- **Rechte Maustaste** auf **Passend:2** (11)
- Aktivieren: **Unterdrücken** (12)

🖫 **Speichern**

7.14.3 Grundlagen: Schraube

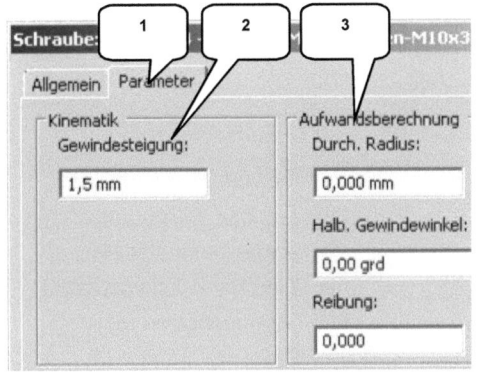

Bei einer Schraubbewegung finden eine translatorische und eine rotatorische Bewegung zeitgleich statt.

Zur Berechnung einer solchen zusammengesetzten Bewegung im Bereich der Dynamischen Simulation können z. B. eine zylindrische Gelenkverbindung und ein **Schraubgelenk** miteinander kombiniert werden.

Im Befehlsfenster eines Schraubgelenks (Register **Parameter** (1)), können kinematische Werte (2) und Einstellungen zur Aufwandsberechnung (3) vorgenommen werden.

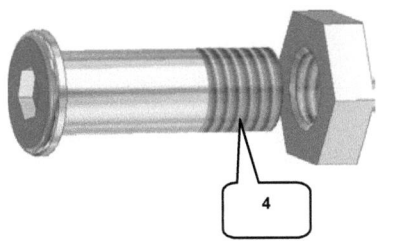

7.14.4 Einfügen eines Schraubgelenks

Arbeitsbereich: **Dynamische Simulation**

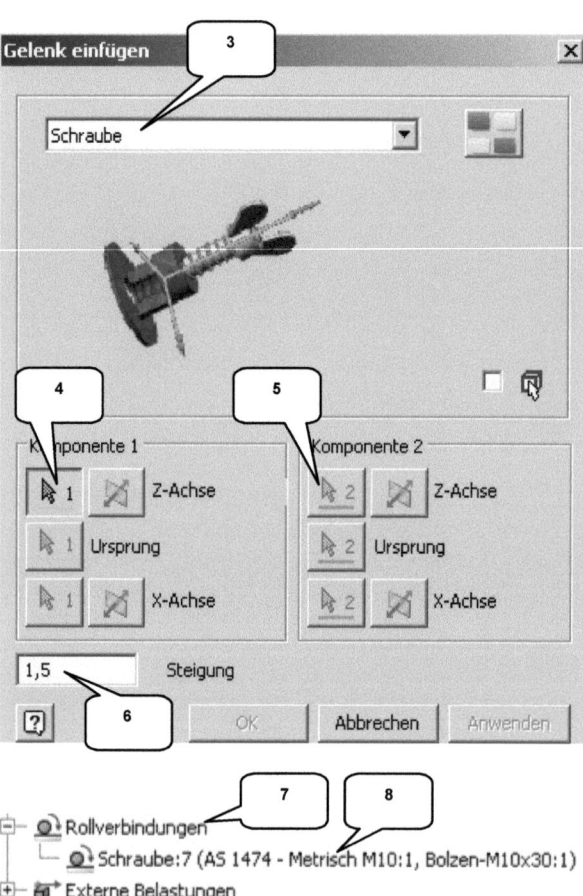

Die Sechskantmutter wurde bereits korrekt ausgerichtet und es kann in den Bereich der Dynamischen Simulation gewechselt werden, wo die Gelenkverbindung **Schraube** platziert werden kann.

➢ Register: **Umgebungen** (1)
➢ **Dynamische Simulation** (2)

Gelenk einfügen
➢ Auswahl: Schraube (3)
➢ Z-Achse 1: Bohrungskante Sechskantmutter (4)
➢ Z-Achse 2: Zylinderkante Gewindebolzen (5)
➢ Steigung: 1,5 mm (6)
➢ **OK**

Im Browser wurde ein neuer Ordner **Rollverbindungen** (7) erzeugt, der die Schraubverbindung beinhaltet (8).

- Schraubverbindungen -

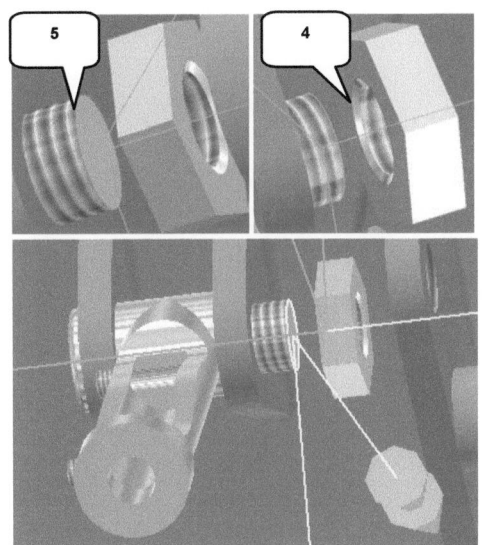

Bevor die Schraubverbindung simuliert werden kann, muss die zylindrische Gelenkverbindung zwischen dem Gewindebolzen und der Sechskantmutter mit einer *Geschwindigkeit* beaufschlagt werden.

Hierfür ist im Ordner *Normverbindungen* die entsprechende zylindrische Gelenkverbindung zu lokalisieren und zu bearbeiten.

- *Normverbindungen* erweitern (9)
- *Rechte Maustaste* auf zylindrische Gelenkverbindung der Bauteile *AS 1474 - Metrisch M10:1, Maschinenrahmen:1* (10)
- *Eigenschaften* (11)

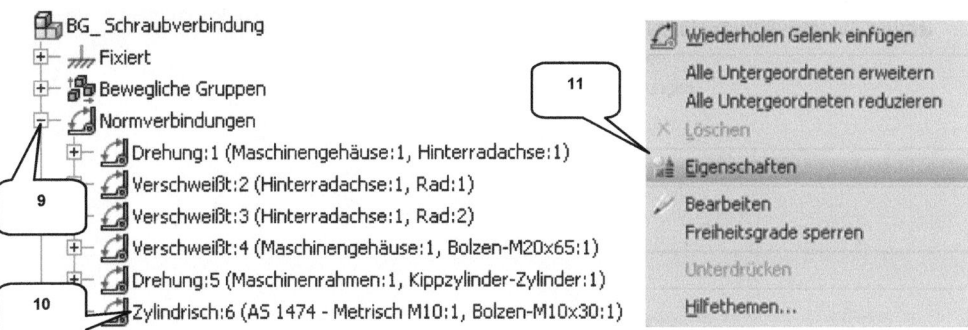

In den *Eigenschaften* der zylindrischen Gelenkverbindung ist das Register *Freiheitsgrad* (R) zu öffnen und dort der Bereich der *Festgelegten Bewegung* zu aktivieren. Bewegt werden soll die Gelenkverbindung mit einer *konstanten Geschwindigkeit*, zu der die folgenden Überlegungen anzustllen sind:

Der Abstand zwischen Maschinenrahmen und Sechskantmutter beträgt 10 mm, der Bolzen hat ein metrisches Gewinde M10 mit der Steigung 1,5 mm. Die Sechskantmutter muss sich also insgesamt 10 / 1,5 Mal drehen, um die 10 mm Entfernung in einer Sekunde zu überwinden. Die resultierende Winkelgeschwindigkeit berechnet sich demzufolge aus dem Produkt (360 ° x 10) / 1,5 was bei einer Simulationsdauer von einer Sekunde einer *Winkelgeschwindigkeit* von *2400 Grad/s* entspricht. Dieser Wert kann jetzt eingetragen werden.

- Schraubverbindungen -

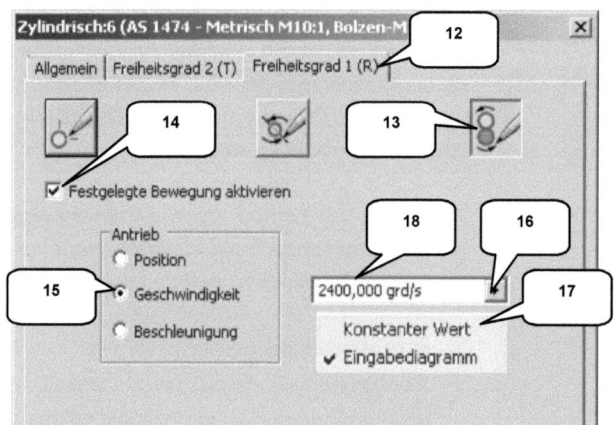

- Register: Freiheitsgrad (R) (12)
- Festgelegte Bewegung bearbeiten (13)
- Festgelegte Bewegung aktivieren (14)
- Geschwindigkeit (15)
- Eingabefeld erweitern (16)
- Konstanter Wert (17)
- Eingabe: 2400 grd/s (18)
- OK OK

7.14.5 Ausführen und Aufzeichnen der Simulation

Wurden alle Eingaben übernommen, kann die Simulation gestartet werden. Die Sechskantmutter sollte sich jetzt in Richtung des Maschinenrahmens bewegen. Sollte dies nicht der Fall sein, müssen die Eigenschaften der zylindrischen Gelenkverbindung erneut geöffnet und der Wert der Winkelgeschwindigkeit negiert werden (-2400 grd/s).

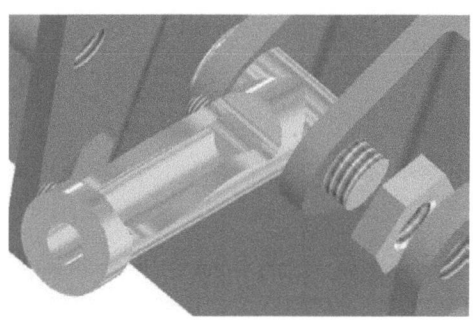

- **Film publizieren**
- Dateiname: Dyn-Sim-07-Schraubverbindung (1)
- Dateityp: *.avi
- Speichern **Speichern**

- Komprimierung: Microsoft Video 1
- Qualität: 100 %
- OK **OK**

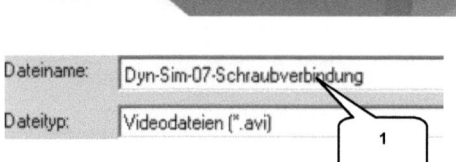

- ▶ **Wiedergabe** (2)
- Simulation ablaufen lassen
- **Konstruktionsmodus** (3)
- **Film publizieren**

- Rollbewegung eines Rades -

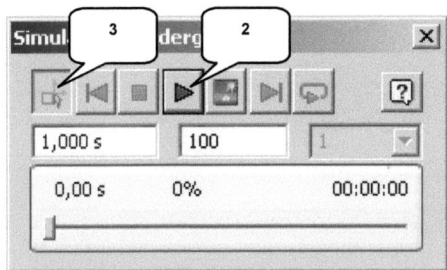

Die aktuelle Baugruppe kann anschließend *gespeichert* und *geschlossen* werden.

7.15 Rollbewegung eines Rades
7.15.1 Öffnen der Baugruppe

Arbeitsbereich:
Baugruppe (Zusammenfügen)

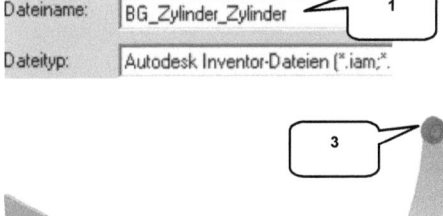

Die nächste Übung soll die **Rollbewegung** eines Rades in einem zylindrischen Objekt zeigen, wofür eine weitere Baugruppendatei zu öffnen ist.

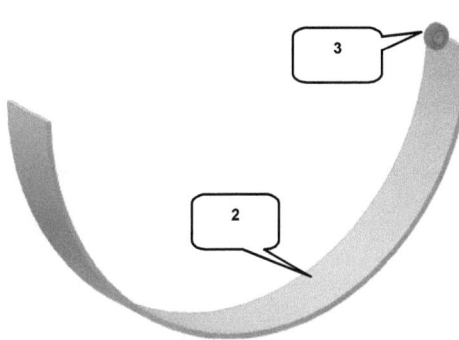

📂 **Öffnen**

➢ Dateiname: BG_Zylinder_Zylinder (1)
➢ Dateityp: *.iam
➢  ***Öffnen***

In der Baugruppendatei befinden sich lediglich 2 Komponenten: eine Halfpipe (2) und ein Rad (3). Die Halfpipe wurde am Koordinatenursprung platziert und fixiert. Das Rad wurde passend zur XY-Ebene der Baugruppe angeordnet (4) und verfügt über eine tangentiale Abhängigkeit zur Halfpipe (5). Wird das Rad jetzt im Baugruppenbereich bei gedrückter linker Maustaste nach unten bewegt, wird es der Halfpipe folgen.

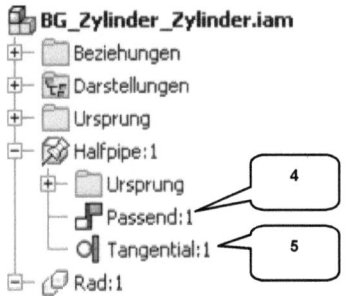

Die folgende **Simulation** soll zeigen, dass tangentiale Abhängigkeiten nicht in den Bereich der Dynamischen Simulation übernommen werden.

7.15.2 Ausführen und Aufzeichnen der Simulation

Arbeitsbereich: **Dynamische Simulation**

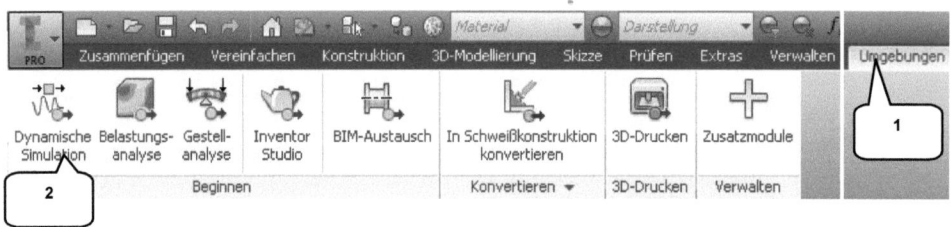

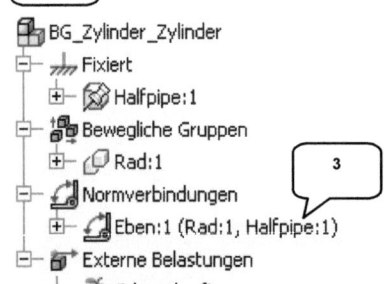

> Register: **Umgebungen** (1)
> **Dynamische Simulation** (2)

Erweitert man im Browser den Ordner: **Normverbindungen** so ist zu erkennen, dass die Flächenabhängigkeit der Halfpipe in die Gelenkverbindung: **Eben** (3) konvertiert wurde. Die tangentiale Abhängigkeit zwischen Rad und Halfpipe wurde nicht konvertiert.

Eine erste **Simulation** soll die aktuellen Einstellungen widerspiegeln.

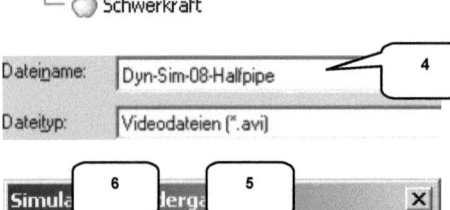

Film publizieren
> Dateiname: Dyn-Sim-08-Halfpipe (4)
> Dateityp: *.avi
> **Speichern**

> Komprimierung: Microsoft Video 1
> Qualität: 100 %
> **OK**

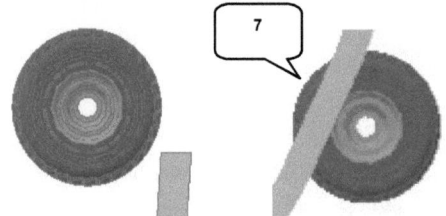

> **Wiedergabe** (5)
> Simulation ablaufen lassen
> **Konstruktionsmodus** (6)
> **Film publizieren**

- Rollbewegung eines Rades -

Das Rad fällt gerade nach unten und durchdringt dabei die Halfpipe. Das Programm erkennt weder eine Kollision noch einen tangentialen Verlauf entlang der Halfpipe. Um das Problem zu beheben, soll das Rollgelenk *Zylinder in Zylinder* beide Bauteile verbinden.

HINWEIS: Tangentiale Abhängigkeiten aus dem Bereich der Baugruppenmodellierung werden nicht in den Bereich der Dynamischen Simulation übertragen.

7.15.3 Grundlagen: Rollgelenk Zylinder in Zylinder

Das Rollgelenk *Zylinder in Zylinder* verbindet zwei ineinanderliegende zylindrische Objekte miteinander und stellt im Bereich der Dynamischen Simulation eine tangentiale Abhängigkeit her. Wird diese Gelenkverbindung anschließend bearbeitet, können zusätzlich Begrenzungen (Winkel, Schräge) oder ein Wirkungsgrad definiert werden.

7.15.4 Einfügen eines Rollgelenks

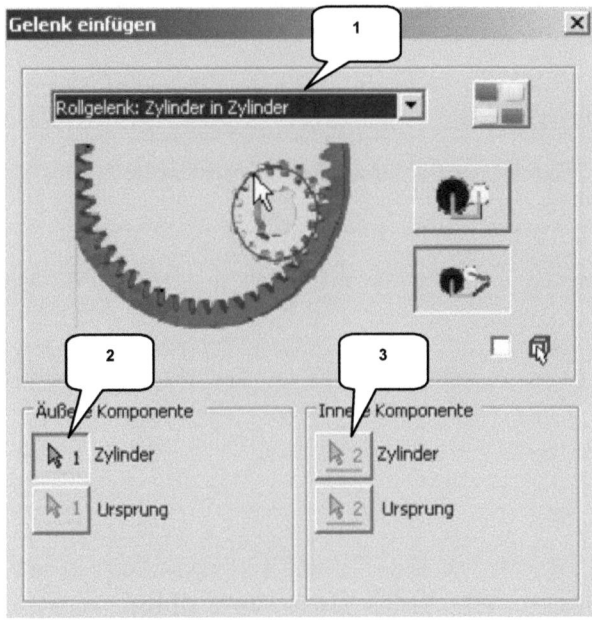

Zwischen Rad und Halfpipe soll das Rollgelenk *Zylinder in Zylinder* erzeugt werden.

Gelenk einfügen
- Auswahl: Rollgelenk: Zylinder in Zylinder (1)
- Zylinder 1: Innenfläche Halfpipe (2)
- Zylinder 2: Lauffläche Rad (3)
- **OK**

- Rollbewegung eines Rades -

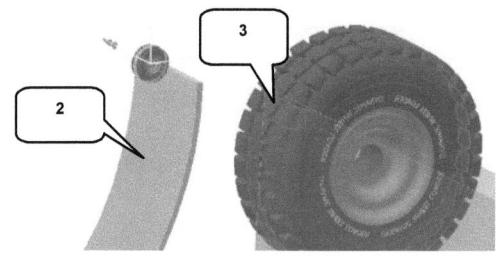

HINWEIS: Am Rad ist die mittige, **durchgehende Lauffläche** zu wählen. Sollte das Programm eine **Fehlermeldung** erzeugen und auf einen überbestimmten Mechanismus hinweisen, so ist diese Meldung mit **OK** zu bestätigen.

7.15.5 Ausführen und Aufzeichnen der Simulation

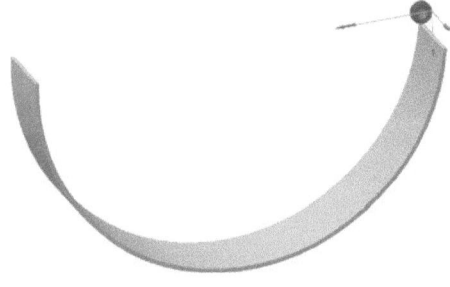

Die geänderten Einstellungen sind in einer **Simulation** zu testen.

Film publizieren
➢ Dateiname: Dyn-Sim-09-Rollgelenk (1)
➢ Dateityp: *.avi
➢ Speichern **Speichern**

➢ Komprimierung: Microsoft Video 1
➢ Qualität: 100 %
➢ OK **OK**

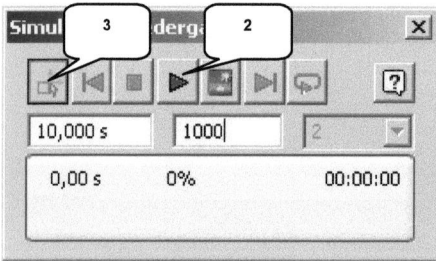

➢ **Wiedergabe** (2)
➢ Simulation ablaufen lassen
➢ **Konstruktionsmodus** (3)

Film publizieren

Das Rad rollt jetzt in der Halfpipe und fällt nicht mehr durch sie hindurch. Allerdings verliert es nicht an Bewegungsintensität und würde sich dadurch unendlich lang bewegen. Die momentane Pendelbewegung wird als ungebremste, harmonische Schwingung ausgeführt.

Um den Bewegungsablauf realistisch zu gestalten, sollen die **Eigenschaften** der Rollverbindung bearbeitet werden.

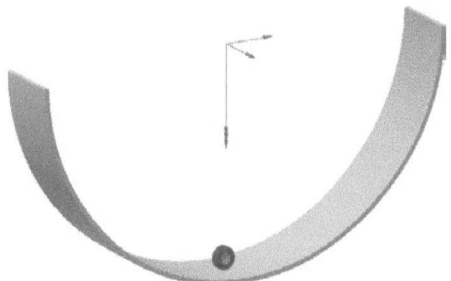

7.15.6 Bearbeiten des Rollgelenk-Wirkungsgrades

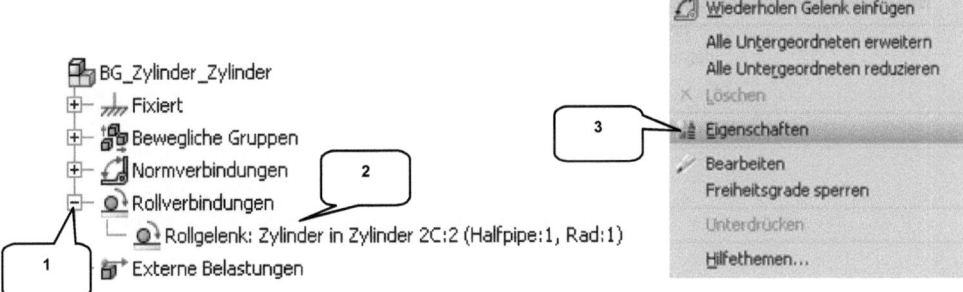

In den Eigenschaften ist das Register **Parameter** zu aktivieren, wo im Bereich der **Belastungen** der **Wirkungsgrad** verändert und dadurch die Schwingung gebremst werden kann.

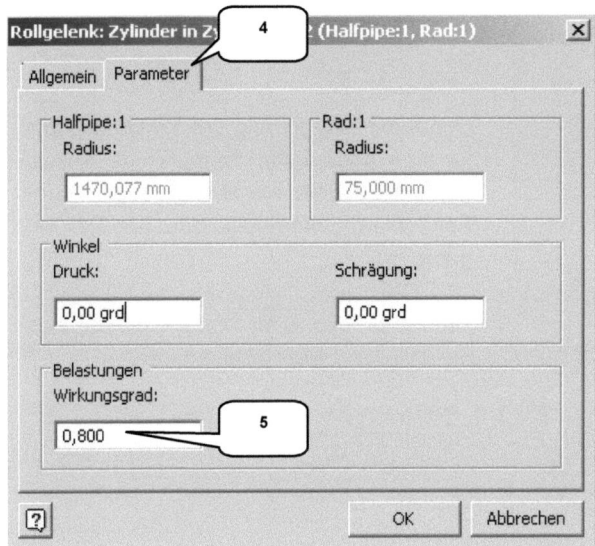

- **Rollverbindungen** erweitern (1)
- **Rechte Maustaste** auf Rollgelenk der Bauteile **Halfpipe:1** und **Rad:1** (2)
- **Eigenschaften** (3)

- Register: Parameter (4)
- Wirkungsgrad: 0,8 (5)
- OK

HINWEIS: Der Wirkungsgrad kann im Bereich von 0,001 bis 1 definiert werden.

Die veränderten Einstellungen sollen in einer neuen **Simulation** überprüft werden.

7.15.7 Ausführen und Aufzeichnen der Simulation

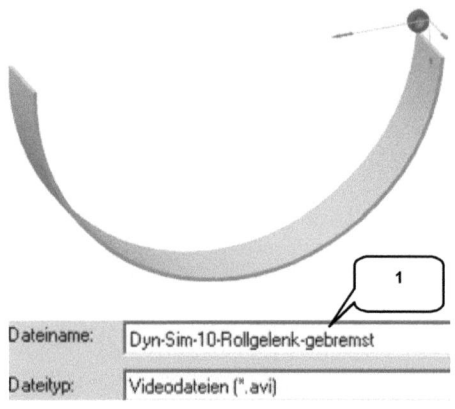

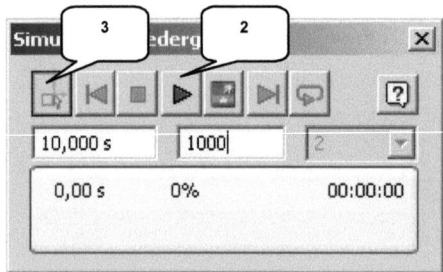

🎬 **Film publizieren**
- Dateiname: Dyn-Sim-10-Rollgelenk-gebremst (1)
- Dateityp: *.avi
- [Speichern] **Speichern**

- Komprimierung: Microsoft Video 1
- Qualität: 100 %
- [OK] **OK**

- ▶ **Wiedergabe** (2)
- Simulation ablaufen lassen
- **Konstruktionsmodus** (3)

🎬 **Film publizieren**

Durch die Bearbeitung des Wirkungsgrades ist eine gedämpfte, harmonische Schwingung mit kleiner werdender Amplitude der Pendelbewegung entstanden: das Rad wird gebremst.

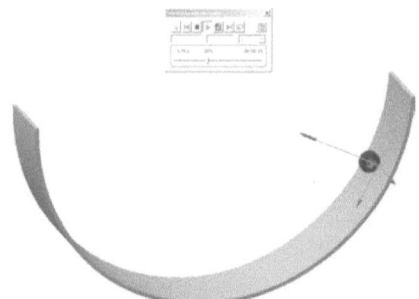

Die Baugruppe kann jetzt *gespeichert* und anschließend *geschlossen* werden.

- 💾 **Speichern**
- ✔ **Fertigstellen**
- ✖ **Baugruppe schließen**

7.16 Parameter in der Dynamischen Simulation
7.16.1 Öffnen der Baugruppe

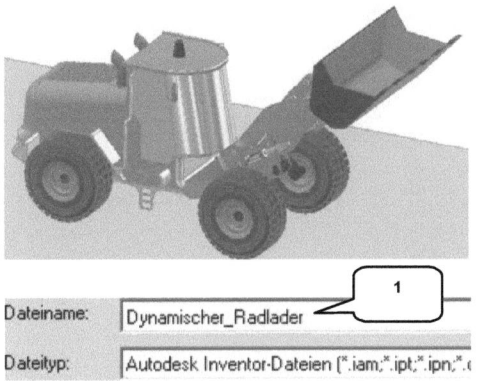

Die nächste Übung soll wieder in der Baugruppe **Dynamischer_Radlader.iam** durchgeführt werden. Gegebenenfalls ist sie erneut zu öffnen.

 **Öffnen**
- Dateiname: Dynamischer_Radlader (1)
- Dateityp: *.iam
- Öffnen ▾ *Öffnen*

7.16.2 Definition des Parameters Dämpfung (Kippzylinder)

Arbeitsbereich:
Dynamische Simulation

Inventor® bietet die Möglichkeit, auch im Bereich der Dynamischen Simulation mit **Parametern** zu arbeiten. In der folgenden Übung sollen die Werte der Dämpfung der beiden Hubzylinder und des Kippzylinders miteinander verknüpft werden. Hierfür sind die entsprechenden Werte zuerst als Parameter zu kennzeichnen und anschließend miteinander zu verbinden.

- **Normverbindungen** erweitern (1)
- **Rechte Maustaste** auf zylindrische Gelenkverbindung der Bauteile **Kippzylinder-Kolben:1, Kippzylinder-Zylinder:1** (2)
- **Eigenschaften** (3)

Gestartet wird mit der Bearbeitung der **zylindrischen Gelenkverbindung** zwischen den Bauteilen Kippzylinder-Kolben:1 und Kippzylinder-Zylinder:1.

Hier soll in den **Eigenschaften** der Wert der Dämpfung (1 N s/mm) durch eine Gleichung ersetzt werden, um damit zeitgleich den Parameter zu benennen. Dadurch kann er später im Parameter-Manager schneller lokalisiert werden.

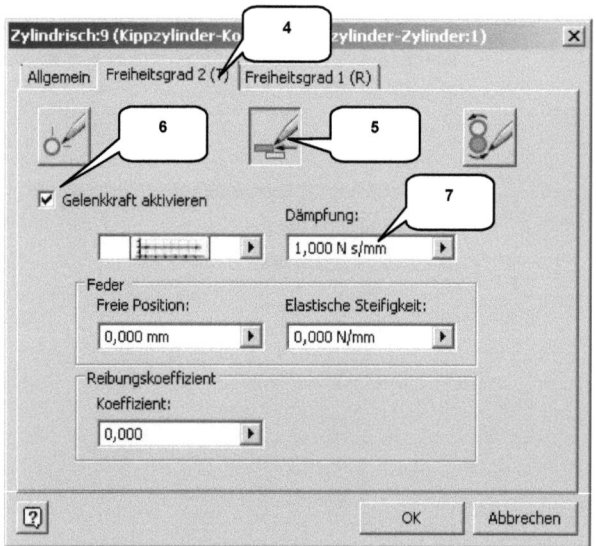

- Register: Freiheitsgrad (T) (4)
- Gelenkkraft bearbeiten (5)
- Gelenkkraft aktivieren (6)
- Dämpfung: Dämpfung_Kippzylinder=1 N s/mm (7)
- Taste: *ENTER*
- OK

🖫 Speichern

HINWEIS: Es ist auf die genaue Eingabe der Gleichung (7) zu achten! Insbesondere auf das jeweilige Freizeichen vor und nach dem **N**(ewton).

7.16.3 Definition des Parameters Dämpfung (Hubzylinder)

In gleicher Weise sind nacheinander die Werte der Dämpfung der beiden Hubzylinder als **Parameter** zu definieren. Gestartet werden soll mit der zylindrischen Gelenkverbindung zwischen den Bauteilen Hubzylinder-Zylinder:1 und Hubzylinder-Kolben:1.

- Parameter in der Dynamischen Simulation -

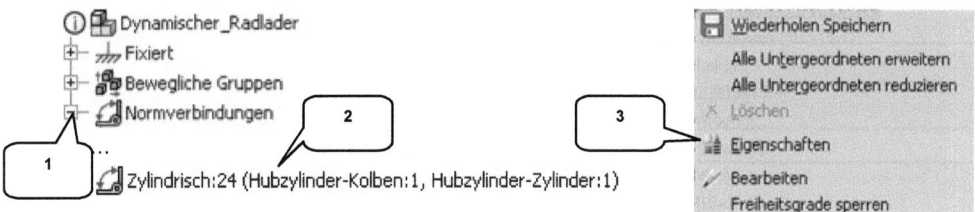

> ***Normverbindungen*** erweitern (1)
> ***Rechte Maustaste*** auf zylindrische Gelenkverbindung der Bauteile ***Hubzylinder-Kolben:1, Hubzylinder-Zylinder:1*** (2)
> ***Eigenschaften*** (3)

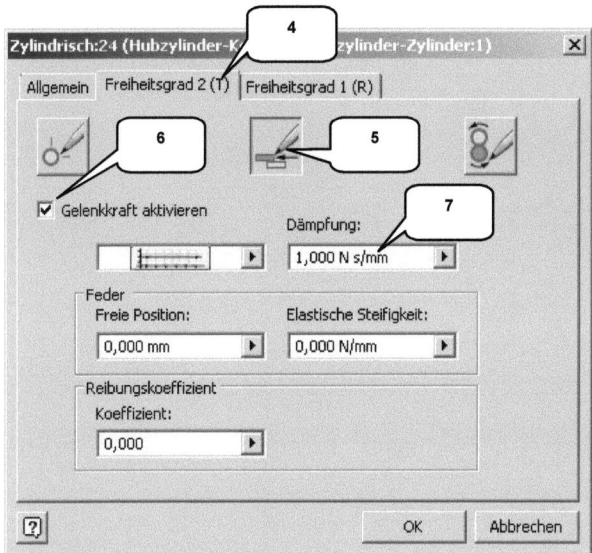

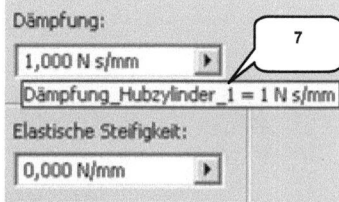

> Register: Freiheitsgrad (T) (4)
> Gelenkkraft bearbeiten (5)
> Gelenkkraft aktivieren (6)
> Dämpfung: Dämpfung_Hubzylinder_1=1 N s/mm (7)
> Taste: *ENTER*
> *OK*

Jetzt kann die zylindrische Gelenkverbindung zwischen den Bauteilen Hubzylinder-Zylinder:2 und Hubzylinder-Kolben:2 bearbeitet werden.

- Parameter in der Dynamischen Simulation -

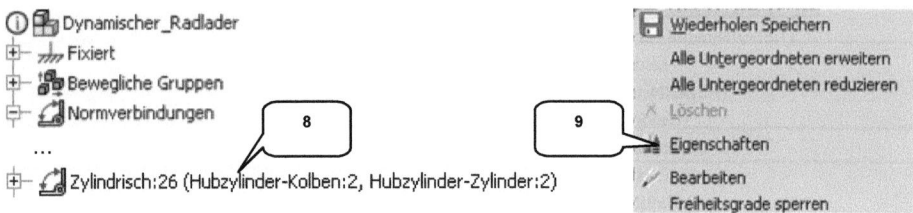

> **Rechte Maustaste** auf zylindrische Gelenkverbindung der Bauteile **Hubzylinder-Kolben:2, Hubzylinder-Zylinder:2** (8)
> **Eigenschaften** (9)

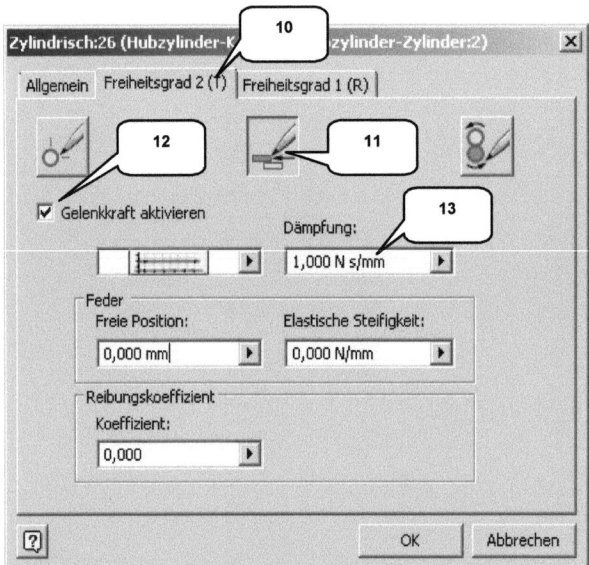

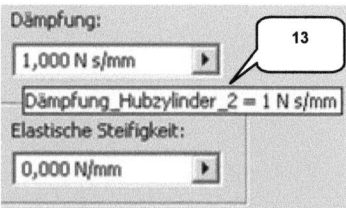

> Register: Freiheitsgrad (T) (10)
> Gelenkkraft bearbeiten (11)
> Gelenkkraft aktivieren (12)
> Dämpfung: Dämpfung_Hubzylinder_2=1 N s/mm (13)
> Taste: **ENTER**
>   **OK**

7.16.4 Dämpfungsparameter der Hubzylinder miteinander verknüpfen

Der **Parameter-Manager** befindet sich in der Befehlsgruppe **Verwalten** und soll jetzt gestartet werden.

- Befehlsgruppe: **Verwalten**
- f_x **Parameter** (1)

In der Spalte **Parametername** gibt es neben den Benutzer- und Modellparametern jetzt auch Parameter aus dem Bereich der Dynamischen Simulation. Um die drei gesuchten Parameter schneller finden zu können, kann im **Filter** die Option **Umbenannt** aktiviert werden.

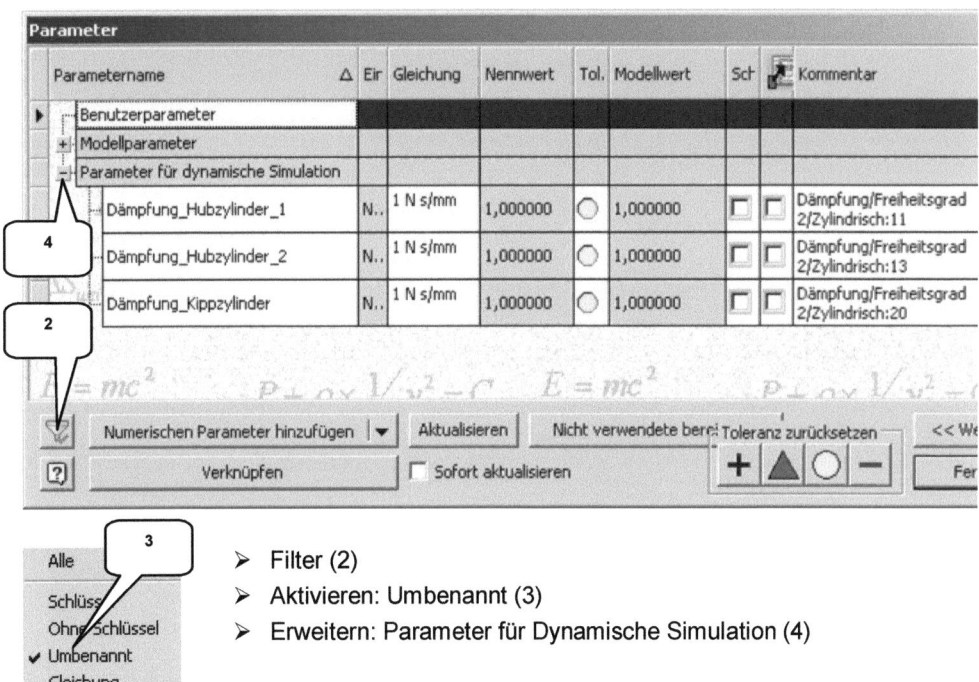

- Filter (2)
- Aktivieren: Umbenannt (3)
- Erweitern: Parameter für Dynamische Simulation (4)

Durch die **Umbenennung** der Parameter in den vorangegangenen Arbeitsschritten, sollten jetzt nur noch die 3 gesuchten Parameter angezeigt werden, und es kann mit der Bearbeitung begonnen werden.

Die zylindrischen Gelenkverbindungen beider Hubzylinder weisen im Bereich der Dämpfung identische Werte auf und können daher gleichgestellt werden. Die Dämpfung des ersten Hubzylinders (Dämpfung_Hubzylinder_1) soll auf den Wert der Dämpfung des zweiten Hubzylinders bezogen werden (Dämpfung_Hubzylinder_2).

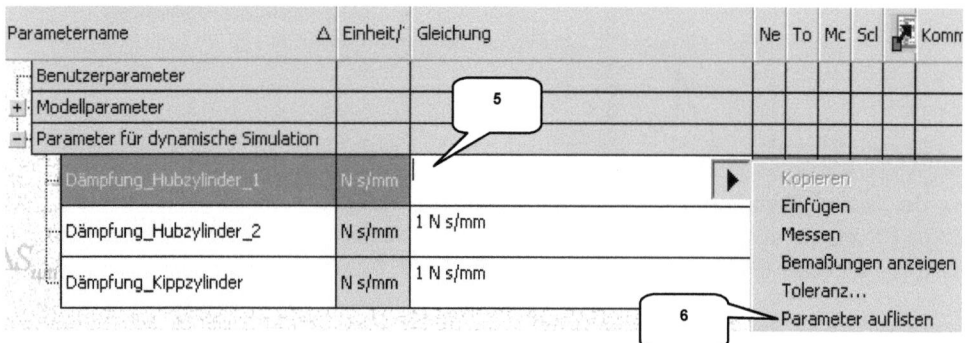

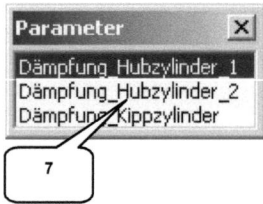

- Feld **Gleichung** des Parameters **Dämpfung_Hubzylinder_1** anklicken (5)
- Enthaltenen Wert löschen (Feld leeren)
- **Rechte Maustaste** ins leere Feld (5)
- Auswahl: Parameter auflisten (6)
- Auswahl: Dämpfung_Hubzylinder_2 (7)
- Taste: *ENTER*

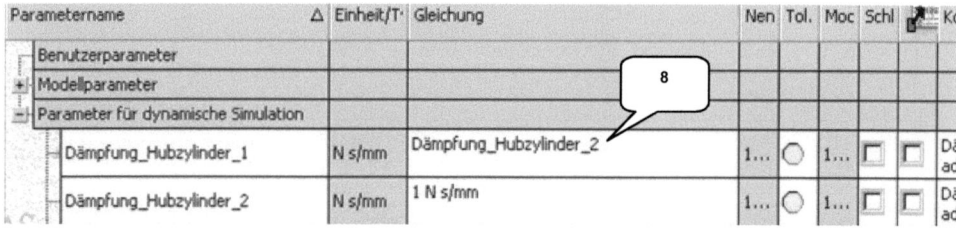

Im Feld **Gleichung** des Parameters Dämpfung_Hubzylinder_1 sollte jetzt der Parameter Dämpfung_Hubzylinder_1 angezeigt werden (8). Der Wert der Dämpfung des ersten Hubzylinders ist jetzt vom Wert der Dämpfung des zweiten Hubzylinders abhängig. Wird später im Bereich der Dynamischen Simulation der Wert der Dämpfung des zweiten Hubzylinders geändert, wird sich diese Änderung auch auf den ersten Hubzylinder übertragen.

7.16.5 Dämpfungsparameter des Kippzylinders mit Werten versehen

Der Wert der Dämpfung des Kippzylinders soll nicht von den beiden Hubzylindern abhängig gemacht werden, er soll als Auswahlmenü mit mehreren Werten zur Verfügung stehen. Auch hierfür gibt es im Parameter-Manager eine Option: **Mehrere Werte erstellen**.

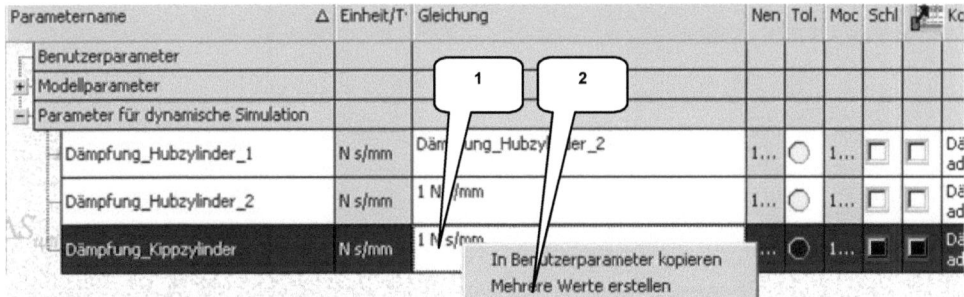

- **Rechte Maustaste** auf markiertes Feld (1)
- Mehrere Werte erstellen (2)

HINWEIS: Das Kontextmenu mit der Option **Mehrere Werte erstellen** (2) steht nur dann zur Verfügung, wenn die betreffende Zelle (1) nicht gerade bearbeitet wird, d. h., der Cursor darin darf nicht blinken. Sollte dies der Fall sein, muss gegebenenfalls mit der linken Maustaste eine andere Zeile aktiviert werden, um anschließend mit der rechten Maustaste auf die Zelle (1) zu klicken.

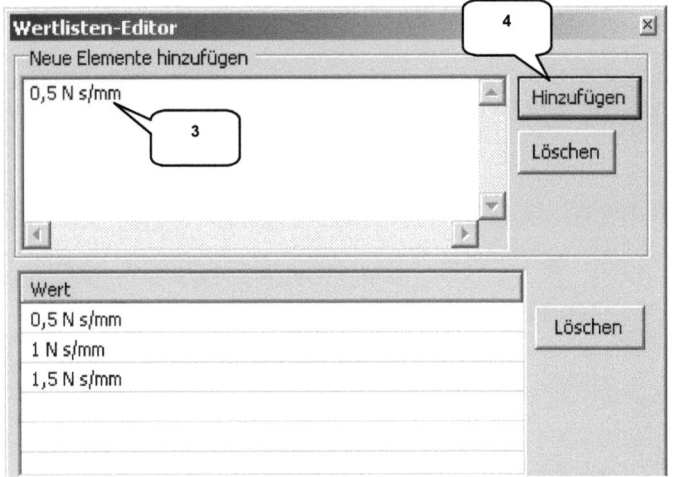

Im Befehlsfenster **Wertlisten-Editor** sind dem vorhandenen Wert der Dämpfung des Kippzylinders neue Werte hinzuzufügen.

- Neuer Wert:
  0,5 N s/mm (3)
- Hinzufügen (4)
- Neuer Wert:
  1,5 N s/mm (3)
- Hinzufügen (4)
- **OK**

7.16.6 Dämpfungsparameter des Kippzylinders ändern

Zurück im **Parameter-Manager** wird jetzt im Feld der Gleichung des Parameters Dämpfung_Kippzylinder ein Auswahlmenü angezeigt, in welchem die 3 verfügbaren Werte aktiviert werden können.

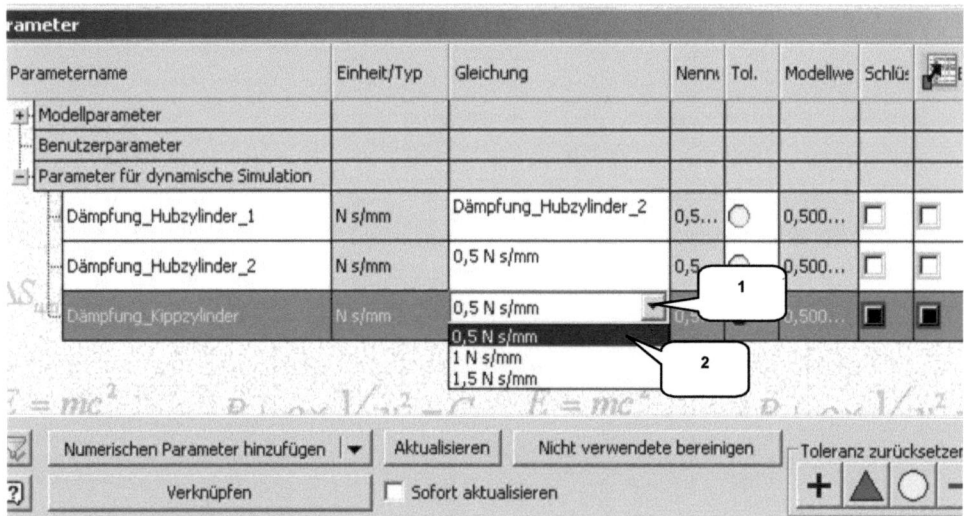

- Auswahlmenü des Kippzylinders erweitern (1)
- Auswahl: 0,5 N s/mm (2)
- Fertig **Fertig**

HINWEIS: **Wertlisten** im Parameter-Manager sind auch nur dort verfügbar. Eine derartige Auswahloption gibt es nicht, wenn in der Dynamischen Simulation die entsprechende Dämpfung direkt bearbeitet wird.

7.16.7 Ausführen und Aufzeichnen der Simulation

Eine **Simulation** soll die geänderte Dämpfung des Kippzylinders überprüfen.

Film publizieren
- Dateiname: Dyn-Sim-11-Parameter-1 (1)
- Dateityp: *.avi
- Speichern **Speichern**

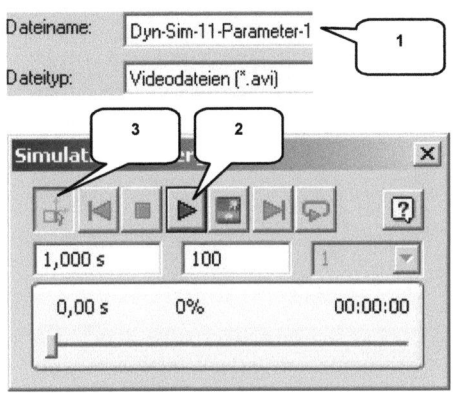

- Komprimierung: Microsoft Video 1
- Qualität: 100 %
- OK
- ▶ *Wiedergabe* (2)
- Simulation ablaufen lassen
- *Konstruktionsmodus* (3)
- Film publizieren

7.16.8 Dämpfungsparameter der Hubzylinder ändern

Um die Werte der **Dämpfung** der beiden **Hubzylinder** zu bearbeiten, genügt es jetzt, den Wert der Dämpfung des zweiten Hubzylinders zu ändern. Über die parametrische Abhängigkeit beider Hubzylinder zueinander werden Änderungen auf beide Hubzylinder übertragen, was nicht zwingend über den Parameter-Manager erfolgen muss.

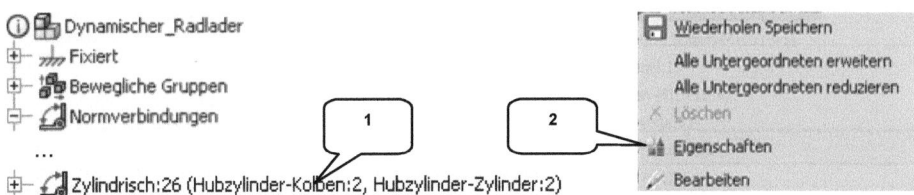

- **Rechte Maustaste** auf zylindrische Gelenkverbindung der Bauteile **Hubzylinder-Kolben:2, Hubzylinder-Zylinder:2** (1)
- *Eigenschaften* (2)

In den *Eigenschaften* der zylindrischen Gelenkverbindung zwischen den Bauteilen Hubzylinder-Kolben:2 und Hubzylinder-Zylinder:2 soll im Bereich der **Bearbeitung der Gelenkkraft** der Wert der Dämpfung von 1 N s/mm auf 0,5 N s/mm geändert werden.

Wurde das Befehlsfenster der *Eigenschaften* der zylindrischen Gelenkverbindung zwischen den Bauteilen Hubzylinder-Kolben:2 und Hubzylinder-Zylinder:2 wieder geschlossen, kann zur Kontrolle das Befehlsfenster der Eigenschaften der zylindrischen Gelenkverbindung zwischen den Bauteilen Hubzylinder-Kolben:1 und Hubzylinder-Zylinder:1 geöffnet werden. Auch hier sollte der geänderte Wert übernommen worden sein.

- Parameter in der Dynamischen Simulation -

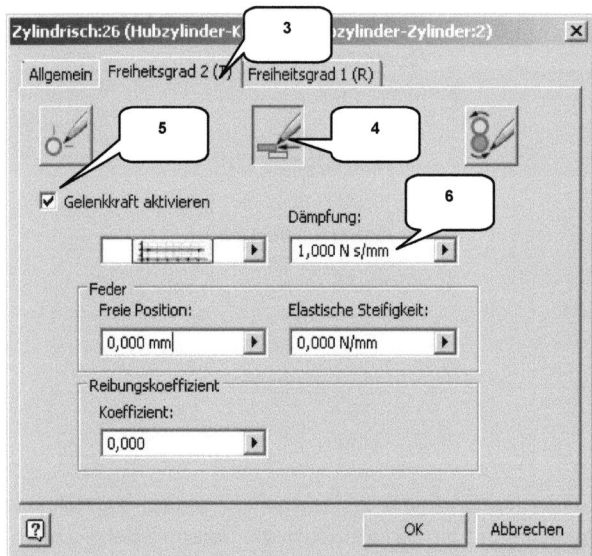
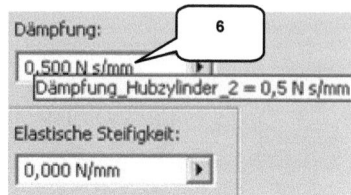

- Register: Freiheitsgrad (T) (3)
- Gelenkkraft bearbeiten (4)
- Gelenkkraft aktivieren (5)
- Dämpfung: 0,5 N s/mm (6)
- OK

7.16.9 Ausführen und Aufzeichnen der Simulation

Die neuen Einstellungen sind in einer Simulation zu überprüfen.

Film publizieren
- Dateiname: Dyn-Sim-12-Parameter-2 (1)
- Dateityp: *.avi
- Speichern

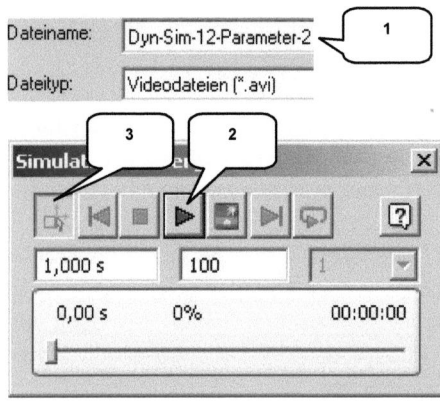

- Komprimierung: Microsoft Video 1
- Qualität: 100 %
- OK

- Wiedergabe (2)
- Simulation ablaufen lassen
- Konstruktionsmodus (3)
- **Film publizieren**
- **Speichern**

7.17 Mechanismus und Redundanzen
7.17.1 Speichern einer Kopie der Baugruppe

Bevor mit den nächsten Übungen gestartet wird, soll die aktuelle Baugruppe unter einem neuen Namen **gespeichert** werden.

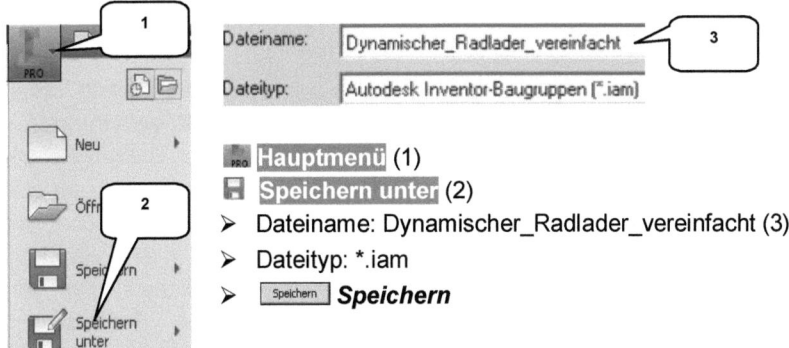

- **Hauptmenü** (1)
- **Speichern unter** (2)
- ➢ Dateiname: Dynamischer_Radlader_vereinfacht (3)
- ➢ Dateityp: *.iam
- ➢ Speichern **Speichern**

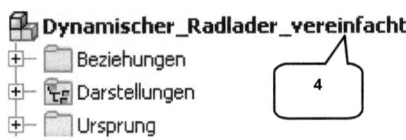

Im Browser sollte jetzt noch einmal kontrolliert werden, ob momentan die richtige Baugruppe **Dynamischer_Radlader_vereinfacht** geöffnet ist (4).

7.17.2 Grundlagen: Status des Mechanismus

- ➢ Befehlsgruppe: **Verbindung**
- ✷ **Status des Mechanismus** (1)

Der Befehl **Status des Mechanismus** stellt Informationen zum Modellstatus (Redundanzen, Beweglichkeit, Körper) bereit und hilft dabei, Redundanzen zu lokalisieren und zu beheben.

HINWEIS: Im Bereich der Dynamischen Simulation entstehen sogenannte **Redundanzen**, wenn den Komponenten einer geschlossenen kinematischen Kette mehr Freiheitsgrade zugewiesen wurden, als sie für den Bewegungsablauf benötigen. Während Redundanzen im Bereich der Baugruppenmodellierung keine Probleme darstellen, können sie im Bereich der Dynamischen Simulation die Berechnungsergebnisse verfälschen und den PC deutlich verlangsamen.

7.17.3 Abrufen der aktuellen Modellinformationen

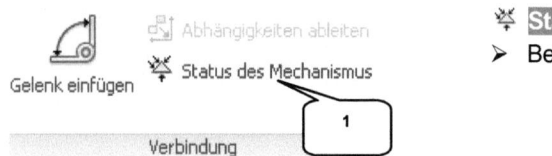

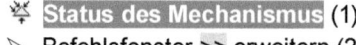

* **Status des Mechanismus** (1)
> Befehlsfenster >> erweitern (2)

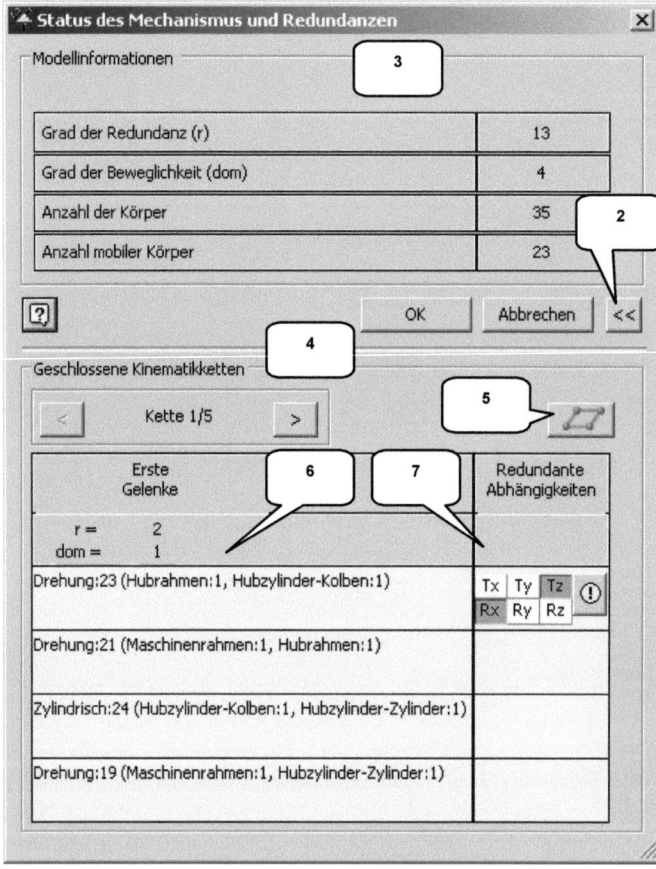

Im ersten Schritt sollen die **Modellinformationen** der Baugruppe abgerufen werden, um sich einen Überblick über den Aufbau der einzelnen Gelenkketten und vorhandene Redundanzen zu verschaffen.

Im oberen Bereich des Befehlsfensters (3) sind die allgemeinen Modellinformationen abzulesen. Aktuell sind in der Baugruppe 13 Redundanzen vorhanden, die in den folgenden Übungen schrittweise und im Rahmen des Möglichen korrigiert werden sollen.

Im unteren Bereich des Befehlsfensters werden die **Gelenkketten** dargestellt (4). Sie können mit dem **Button** (5) im Zeichenfenster zusätzlich hervorgehoben werden. Jede Gelenkkette wird mit den einzelnen Gelenkverbindungen (6) dargestellt, vorhandene Redundanzen werden ebenfalls angezeigt (7). Aktuell erkennt das Programm 5 geschlossene kinematische Ketten, die im Folgenden analysiert werden.

Kinematikkette 1/5

Bauteile:

- Maschinenrahmen:1 (8)
- Hubrahmen:1 (9)
- Hubzylinder-Kolben:1 (10)
- Hubzylinder-Zylinder:1 (11)

Redundanzen:

- Hubrahmen:1 <> Hubzylinder-Kolben:1
- T_Z, R_X

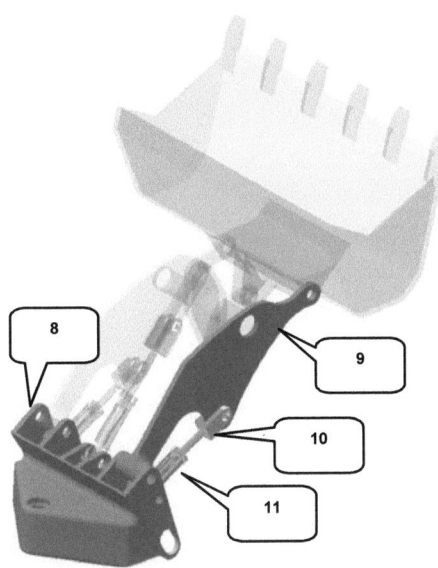

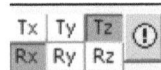

Die erste vom Programm lokalisierte geschlossene kinematische Kette besteht aus den Bauteilen Maschinenrahmen:1, Hubrahmen:1, Hubzylinder-Kolben:1 und Hubzylinder-Zylinder:1.

Das Programm erkennt eine **Redundanz** in Richtung der Z-Achse (T_Z) und eine Redundanz um die X-Achse (R_X) zwischen den Bauteilen Hubrahmen:1 und Hubzylinder-Kolben:1. Hierbei sollte allerdings beachtet werden, dass die genaue Lokalisierung von Redundanzen durch das Programm nicht immer eindeutig ist, was bedeutet, dass das eigentliche Problem auch an einer anderen Stelle innerhalb der Kette zu finden sein kann.

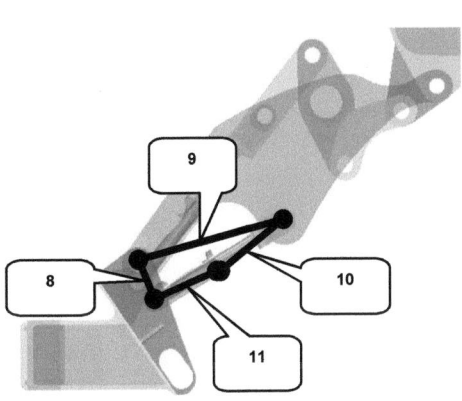

HINWEIS: Die Nummerierung der Gelenkketten kann durchaus von jenen im Buch abweichen (Kinematikkette 1/5), was grundsätzlich aber kein Problem darstellt.

- Mechanismus und Redundanzen -

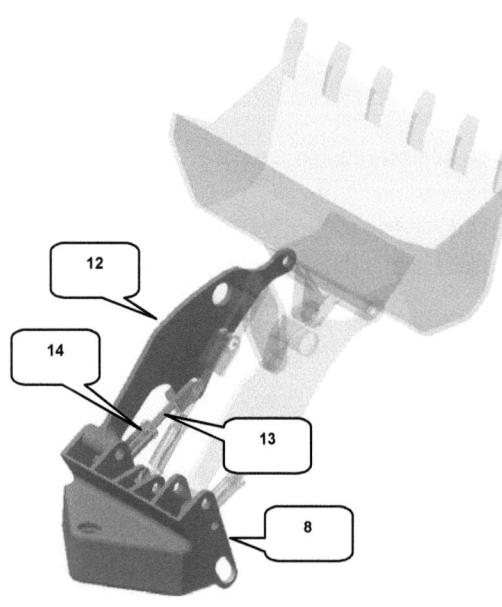

Kinematikkette 2/5:

Bauteile:

- Maschinenrahmen:1 (8)
- Hubrahmen:2 (12)
- Hubzylinder-Kolben:2 (13)
- Hubzylinder-Zylinder:2 (14)

Redundanzen:

- Hubrahmen:2 <> Hubzylinder-Kolben:2
- T_Z, R_X

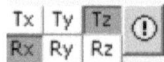

Kinematikkette 3/5:

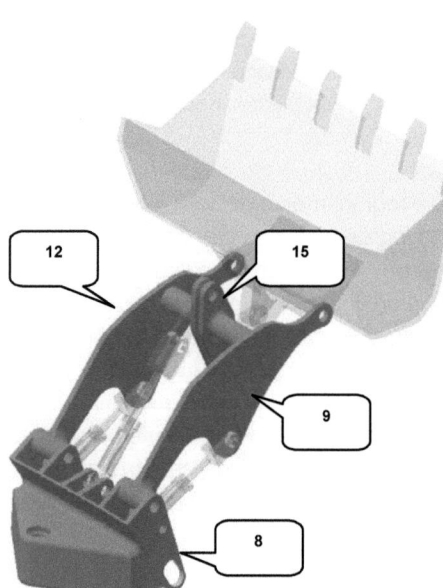

Bauteile:

- Maschinenrahmen:1 (8)
- Hubrahmen:1 (9)
- Kipphebel:1 (15)
- Hubrahmen:2 (12)

Redundanzen:

- Hubrahmen:2 <> Kipphebel:1
- T_Y, T_Z, R_X, R_Y

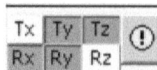

- Mechanismus und Redundanzen -

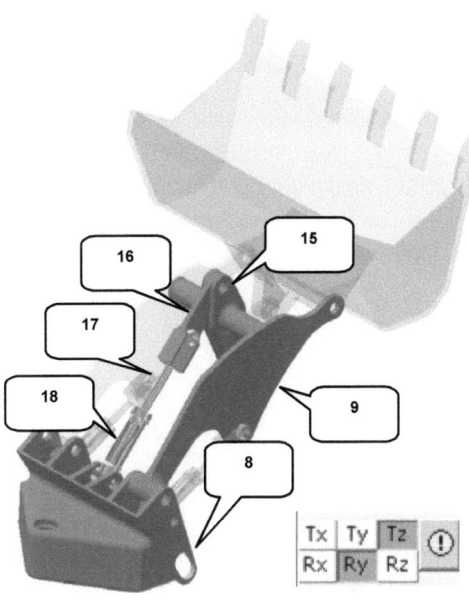

Kinematikkette 4/5:

Bauteile:

- Maschinenrahmen:1 (8)
- Hubrahmen:1 (9)
- Kipphebel:1 (15)
- Kippzylinder-Fixierung:1 (16)
- Kippzylinder-Kolben:1 (17)
- Kippzylinder-Zylinder:1 (18)

Redundanzen:

- Kipphebel:1 <> Kippzylinder-Fixierung:1
- T_Z, R_Y

Kinematikkette 5/5:

Bauteile:

- Maschinenrahmen:1 (8)
- Hubrahmen:1 (9)
- Schaufel:1 (19)
- Kippschwinge:1 (20)
- Kipphebel:1 (15)

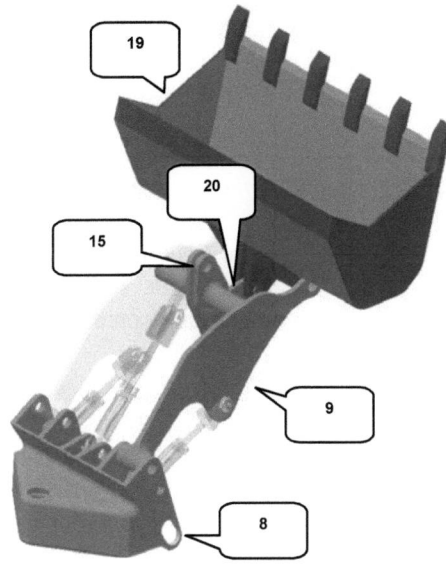

Redundanzen:

- Kippschwinge:1 <> Schaufel:1
- T_Z, R_X, R_Y

Das Befehlsfenster **Status des Mechanismus** kann geschlossen, die Baugruppe **gespeichert** und der Bereich der Dynamischen Simulation **beendet** werden.

-  **OK**
- **Speichern**
- **Fertigstellen**

7.18 Korrektur vorhandener Redundanzen
7.18.1 Korrekturmöglichkeiten

Redundanzen spielen im Bereich der Baugruppenmodellierung keine Rolle, da sie die Funktionalität der Baugruppe nicht beeinflussen. Im Bereich der Dynamischen Simulation ist das anders: Hier werden Redundanzen als Fehler betrachtet, da sie die Berechnungsergebnisse beeinflussen und sie verfälschen können. Auch kann die Rechengeschwindigkeit des PCs dadurch stark beeinflusst werden. Die folgenden Möglichkeiten können zur Korrektur von Redundanzen verwendet werden:

Löschen/ Deaktivieren überflüssiger Komponenten

Im Bereich der Dynamischen Simulation sollten alle Komponenten aus einer Baugruppe entfernt oder deaktiviert werden, die für den eigentlichen Simulationsablauf keine wichtige Rolle spielen. Hierfür sollte möglichst eine Kopie der Baugruppe erzeugt werden, sodass die originale Baugruppe erhalten bleibt. Dieser Schritt wurde bereits erledigt.

Komponenten zusammenfassen und vereinfachen

Sind in einer Baugruppe Komponenten vorhanden, die für den Bewegungsapparat insgesamt benötigt werden, allerdings untereinander keine beweglichen Gelenkverbindungen haben, so können diese Bauteile durch ein vereinfachtes Bauteil ersetzt werden. Die Anzahl der Körper in der Baugruppe minimiert sich dadurch.

Gelenkverbindungen im Baugruppenbereich durch andere Gelenke ersetzen

In einigen Fällen ist es möglich, vorhandene Gelenkverbindungen im Baugruppenbereich durch andere Gelenkverbindungen mit weniger Freiheitsgraden zu ersetzen, sodass Redundanzen entfernt werden, ohne die Mechanik der kinematischen Kette einzuschränken.

Gelenkverbindungen im Baugruppenbereich durch Abhängigkeiten ersetzen

Weiterhin können Gelenkverbindungen im Baugruppenbereich durch einfache Abhängigkeiten ersetzt werden. Auch hier sollte darauf geachtet werden, dass die benötigten Freiheitsgrade für eine uneingeschränkte Funktionalität der kinematischen Kette weiterhin vorhanden sind.

In den nächsten Schritten sollen die genannten Korrekturmöglichkeiten angewandt werden, um Redundanzen zu minimieren und das System zu vereinfachen.

7.18.2 Löschen überflüssiger Bauteile

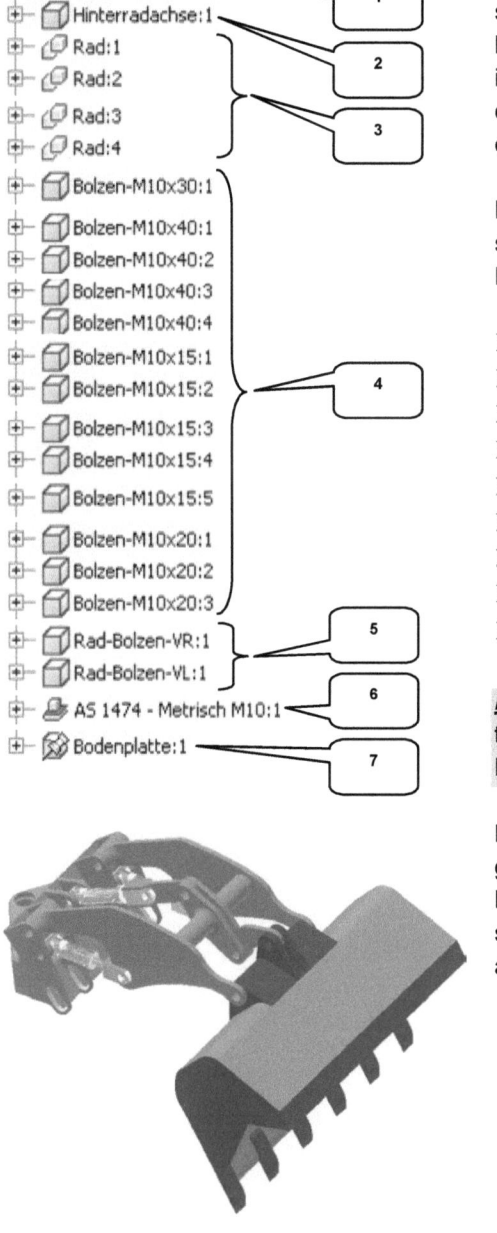

Betrachtet man die Baugruppe so wird schnell klar, dass außer dem Hubsystem keine weiteren Komponenten zur Simulation in der Baugruppe bleiben müssten. Alle anderen Komponenten können gelöscht werden.

Die folgenden Komponenten sind im Browser zu markieren und anschließend aus der Baugruppe zu löschen:

➢ Die folgenden Bauteile markieren:
➢ das Maschinengehäuse (1)
➢ die Hinterradachse (2)
➢ alle Räder (3)
➢ alle Bolzen (4)
➢ die Radbolzen (5)
➢ die Sechskantmutter (6)
➢ die Bodenplatte (7)
➢ Taste: **ENTF**

HINWEIS: Die Reihenfolge der Komponenten im Browser wurde zwecks besserer Darstellung verändert.

Die nebenstehende Abbildung zeigt das Ergebnis nach dem Löschen der restlichen Komponenten. In der Darstellung des Browsers (8) ist zum Vergleich der aktuelle Stand aller verbliebenen Komponenten dargestellt.

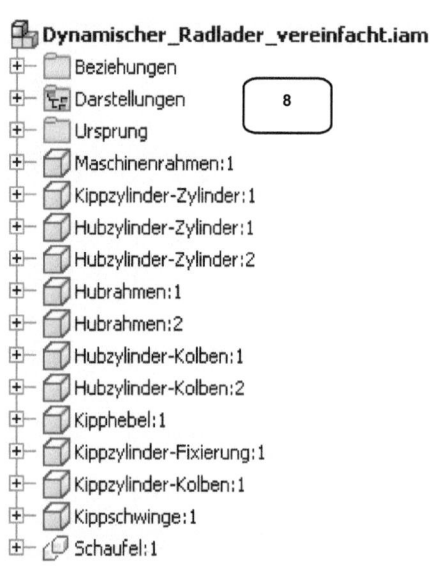

Bisher war das Maschinengehäuse die feste Komponente der gesamten Baugruppe, da es am Koordinatenursprung platziert und dort fixiert wurde. Mit der Löschung des Maschinengehäuses wurde auch die Befestigung des gesamten Hubapparates entfernt, was die folgenden Berechnungen im Bereich der Dynamischen Simulation unmöglich macht, da mindestens eine Komponente fixiert sein muss.

Anstelle des Maschinengehäuses soll jetzt der Maschinenrahmen fixiert werden. Eine vorherige Ausrichtung am Koordinatenursprung ist nicht notwendig, sofern die Komponenten nicht zwischenzeitlich verschoben wurden.

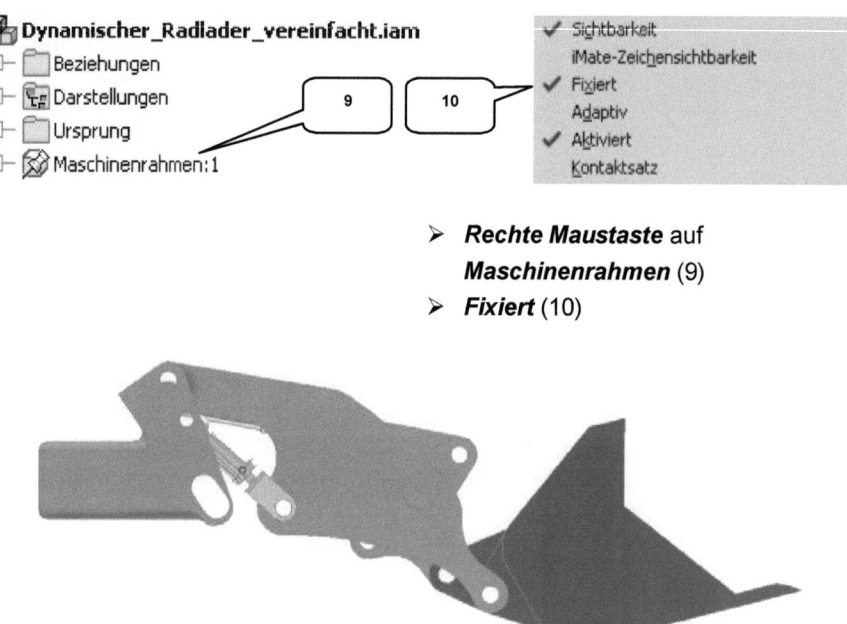

> **Rechte Maustaste** auf **Maschinenrahmen** (9)
> **Fixiert** (10)

Abschließend ist der gesamte Hubapparat bei gedrückter linker Maustaste nach unten zu ziehen, wie in der oberen Abbildung dargestellt.

7.18.3 Überprüfung von Mechanismus und Redundanzen

Arbeitsbereich:
Dynamische Simulation

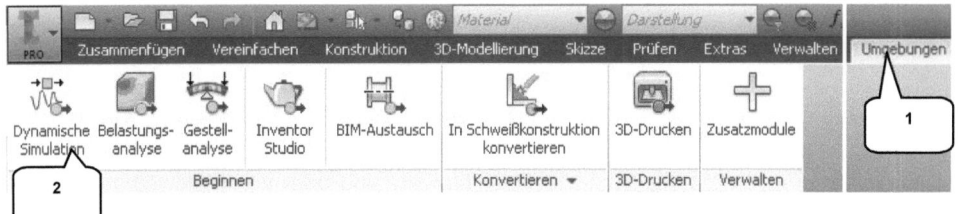

Nach der ersten Optimierung der Baugruppe (Löschung nicht benötigter Komponenten) sollen die aktuellen Modellinformationen abgerufen werden. Hierfür ist in den Bereich der **Dynamischen Simulation** zu wechseln, um den Befehl **Status des Mechanismus** zu starten.

Grad der Redundanz (r)	13
Grad der Beweglichkeit (dom)	2
Anzahl der Körper	13
Anzahl mobiler Körper	12

> Register: **Umgebungen** (1)
>

	Vorher	Nachher
Grad der Redundanz	13	13
Grad der Beweglichkeit	4	2
Anzahl der Körper	35	13
Anzahl mobiler Körper	23	12

Der Grad der Redundanzen wurde leider nicht verringert. Dafür wurden der Grad der Beweglichkeit, die Anzahl der Körper und die Anzahl der beweglichen Körper reduziert, was zumindest eine Verringerung der benötigten Rechenleistung während der Simulation zur Folge haben sollte. Der Befehl kann **beendet** und der Bereich der Dynamischen Simulation **verlassen** werden.

>  **OK** (Status des Mechanismus beenden)

✓ **Fertigstellen**
💾 **Speichern**

7.18.4 Grundlagen: Vereinfachtes Bauteil erstellen

Arbeitsbereich:
Baugruppe (Vereinfachen)

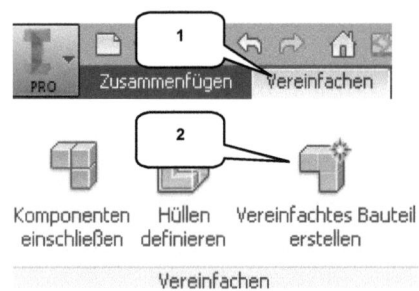

➢ Register: **Vereinfachen** (1)
  Vereinfachtes Bauteil erstellen (2)

Sind in einer Baugruppe Komponenten vorhanden, die entweder fest miteinander verbunden sind oder deren Bewegungsfreiheit untereinander für den Simulationsablauf nicht wichtig ist, können diese Komponenten zusammengefasst werden. Hier bietet das Programm eine komfortable Lösung: das **Vereinfachen** von Bauteilen. Dabei werden mehrere Komponenten zusammengefasst und als ein einzelnes Bauteil abgespeichert.

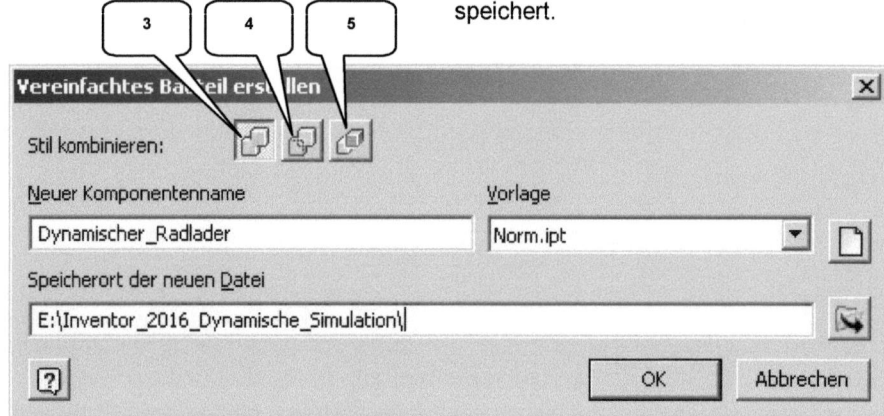

Im geöffneten Befehlsfenster **Vereinfachtes Bauteil erstellen** gibt es die Möglichkeit, zwischen den folgenden drei **Optionen** zu wählen:

   Ein **einzelner Volumenkörper** (ohne sichtbare Komponentengrenzen) (3)
   Ein **einzelner Volumenkörper** (mit sichtbaren Komponentengrenzen) (4)
   Erhalten der einzelnen Volumenkörper als **separate Volumenkörper** (5)

7.18.5 Vereinfachen von Kipphebel, Kippschwinge und Schaufel

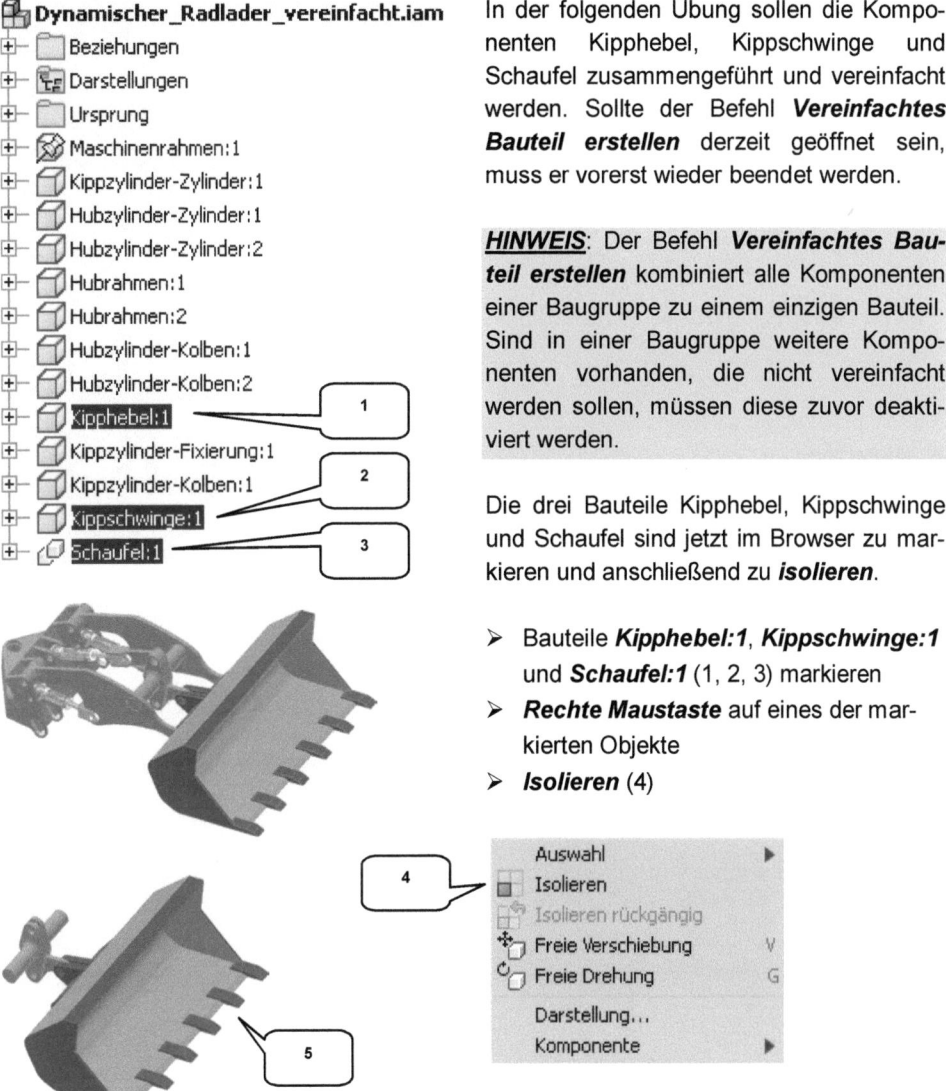

In der folgenden Übung sollen die Komponenten Kipphebel, Kippschwinge und Schaufel zusammengeführt und vereinfacht werden. Sollte der Befehl **Vereinfachtes Bauteil erstellen** derzeit geöffnet sein, muss er vorerst wieder beendet werden.

HINWEIS: Der Befehl **Vereinfachtes Bauteil erstellen** kombiniert alle Komponenten einer Baugruppe zu einem einzigen Bauteil. Sind in einer Baugruppe weitere Komponenten vorhanden, die nicht vereinfacht werden sollen, müssen diese zuvor deaktiviert werden.

Die drei Bauteile Kipphebel, Kippschwinge und Schaufel sind jetzt im Browser zu markieren und anschließend zu *isolieren*.

➢ Bauteile **Kipphebel:1**, **Kippschwinge:1** und **Schaufel:1** (1, 2, 3) markieren
➢ **Rechte Maustaste** auf eines der markierten Objekte
➢ *Isolieren* (4)

Übrig bleiben sollten nur noch die nebenstehend dargestellten Komponenten (5).

- Korrektur vorhandener Redundanzen -

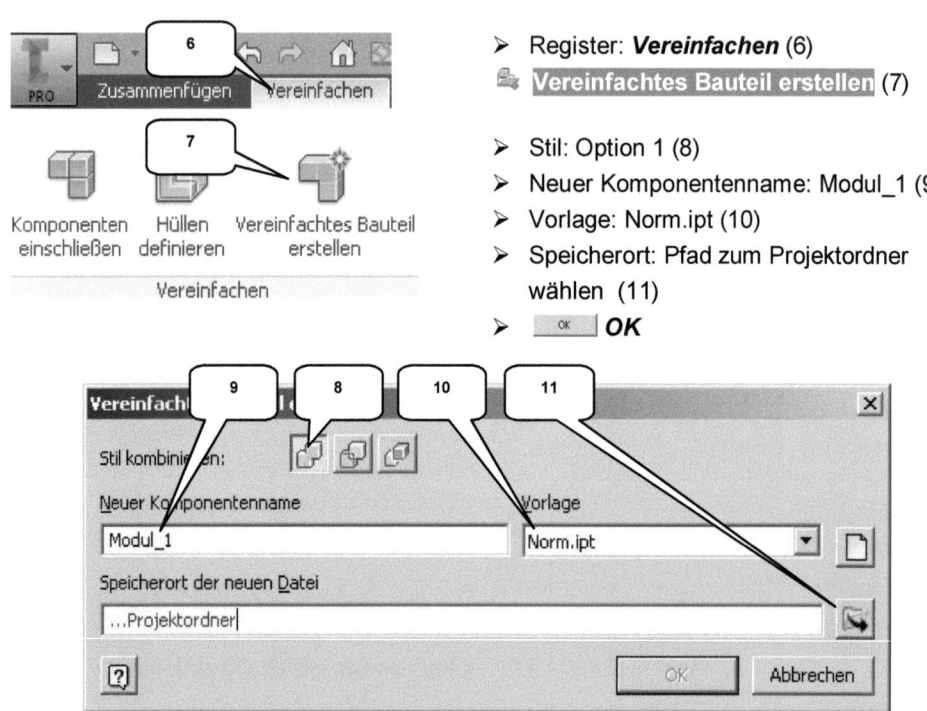

> Register: **Vereinfachen** (6)
> **Vereinfachtes Bauteil erstellen** (7)

> Stil: Option 1 (8)
> Neuer Komponentenname: Modul_1 (9)
> Vorlage: Norm.ipt (10)
> Speicherort: Pfad zum Projektordner wählen (11)
> OK

Sobald der Befehl beendet wurde, öffnet sich das neue Bauteil **Modul_1**, in dem die Verknüpfung zur (Quell-)Baugruppe (Dynamischer_Radlader_vereinfacht.iam) noch gelöst werden muss. Dieser Schritt ist wichtig, da das neue Bauteil ansonsten nicht in die Baugruppe eingefügt werden kann.

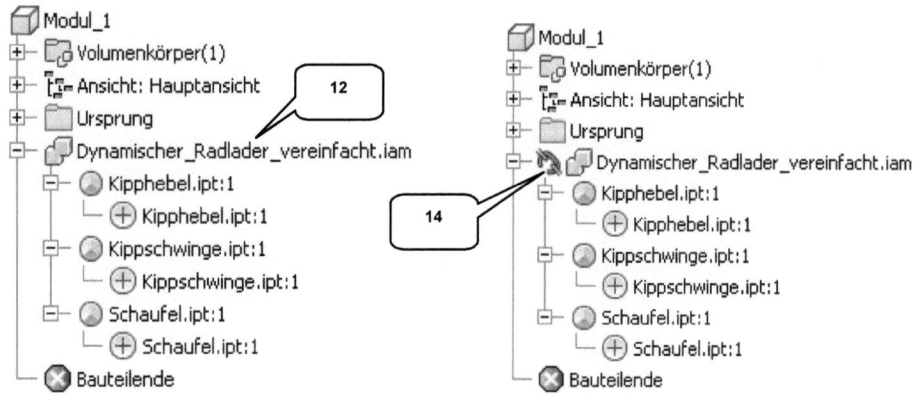

- Korrektur vorhandener Redundanzen -

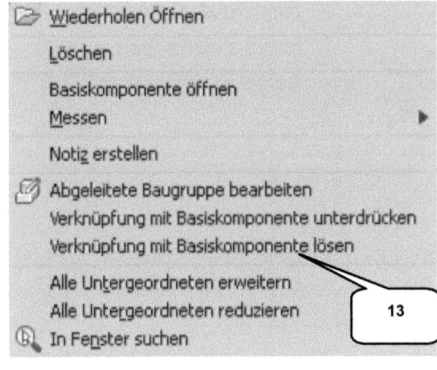

➢ **Rechte Maustaste** auf **Dynamischer_Radlader_vereinfacht** (12)
➢ **Verknüpfung mit Basiskomponente lösen** (13)

Das  **offene Kettenglied** (14) symbolisiert die erfolgreiche Trennung.

🖬 Speichern

➢ `Ja für alle` **Ja für alle** (15)
➢ `OK` **OK** (16)

✗ Bauteil schließen

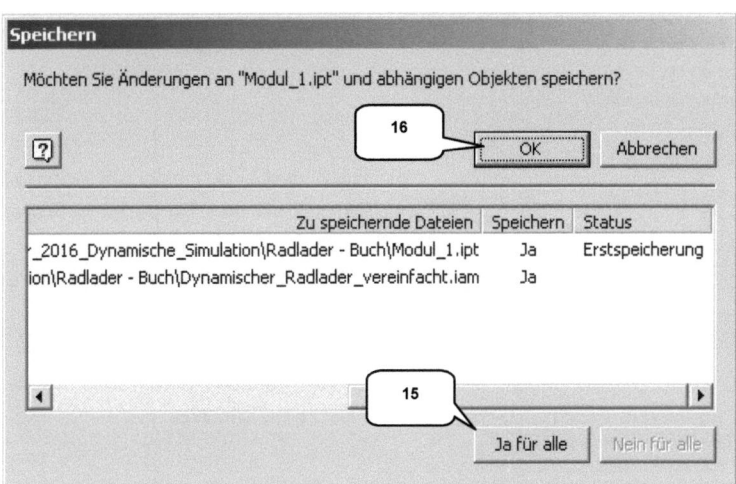

7.18.6 Vereinfache Komponente platzieren

Arbeitsbereich:
Baugruppe (Zusammenfügen)

Zurück in der Baugruppe (Dynamischer_Radlader_vereinfacht.iam) muss die **Isolierung rückgängig** gemacht werden, um die restlichen Bauteile wieder einzublenden. Hierfür ist mit der rechten Maustaste auf einen beliebigen Punkt im Zeichenbereich zu klicken und die Option **Isolieren rückgängig** zu aktivieren.

- Korrektur vorhandener Redundanzen -

➢ **Rechte Maustaste** auf freien Zeichenbereich (1)
➢ **Isolieren rückgängig** (2)

HINWEIS: Wenn die Option **Isolieren rückgängig** nicht verfügbar sein sollte, müssen im Browser alle grau hinterlegten Komponenten markiert und anschließend manuell wieder sichtbar gemacht werden (*rechte Maustaste* > *Sichtbarkeit*).

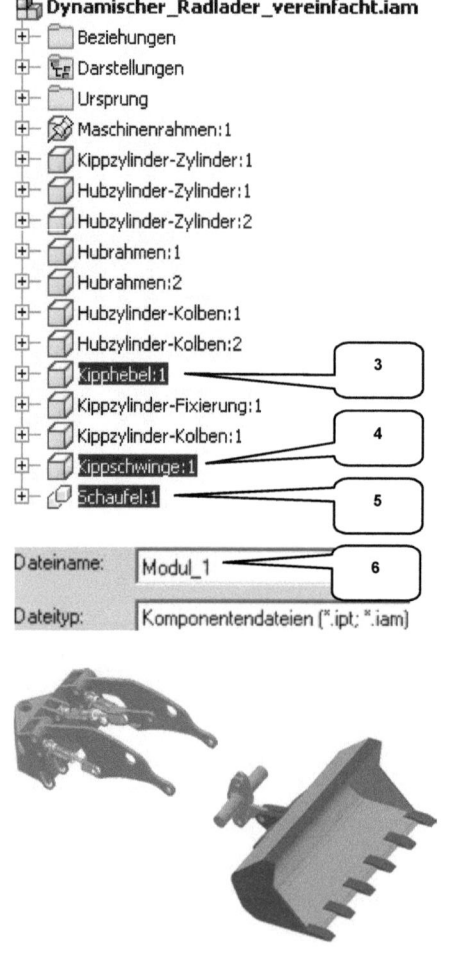

Die drei Komponenten Kipphebel, Kippschwinge und Schaufel sind jetzt aus der Baugruppe zu entfernen und anschließend durch das Bauteil **Modul_1** zu ersetzen.

➢ **Kipphebel:1**, **Kippschwinge:1** und **Schaufel:1** markieren (3, 4, 5)
➢ Taste: `ENTF`

➢ Register: **Zusammenfügen**
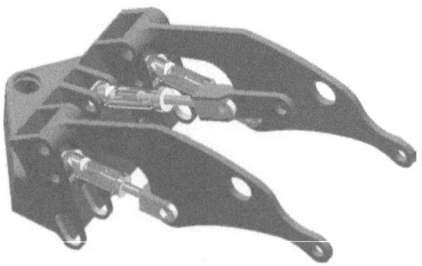
➢ Dateiname: Modul_1 (6)
➢ Dateityp: *.ipt
➢ `Öffnen` **Öffnen**
➢ Bauteil 1 x frei ablegen
➢ Taste: `ESC`

- Korrektur vorhandener Redundanzen -

Das neue Bauteil muss jetzt wieder in die vorhandene Baugruppe integriert werden. Hierfür sind ein **Drehgelenk** und verschiedene **Abhängigkeiten** zu verwenden. Im ersten Schritt soll Modul_1:1 am Hubrahmen:1 befestigt werden.

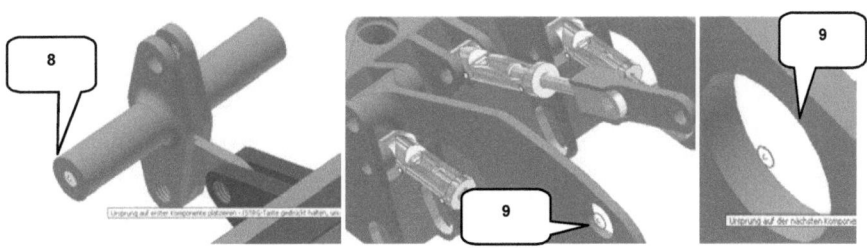

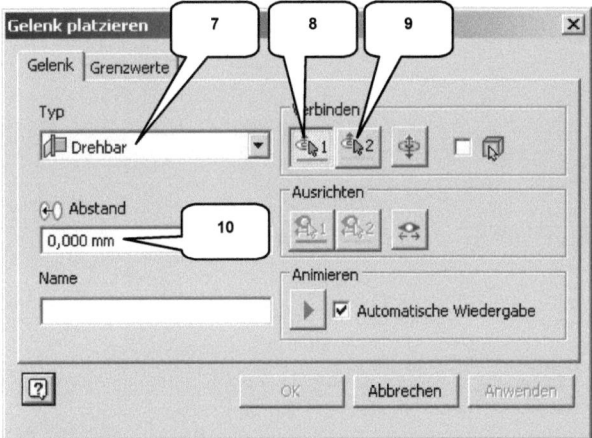

Verbindung
- Typ: Drehbar (7)
- Verbinden 1: Zylinderkante Modul_1 (8)
- Verbinden 2: Bohrungskante Hubrahmen:1 (9)
- Abstand: 0 mm (10)
-  **OK**

Modul_1:1 und Hubrahmen:2 sind durch eine **axiale Abhängigkeit** miteinander zu verbinden.

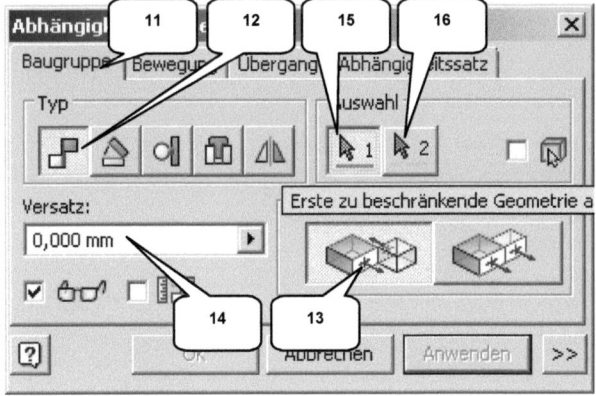

Abhängig machen
- Register: Baugruppe (11)
- Typ: Passend (12)
- Modus: Passend (13)
- Versatz: 0 mm (14)
- Auswahl 1: Zylinderfläche Modul_1 (15)
- Auswahl 2: Bohrung Hubrahmen:2 (16)
- **Anwenden**

- Korrektur vorhandener Redundanzen -

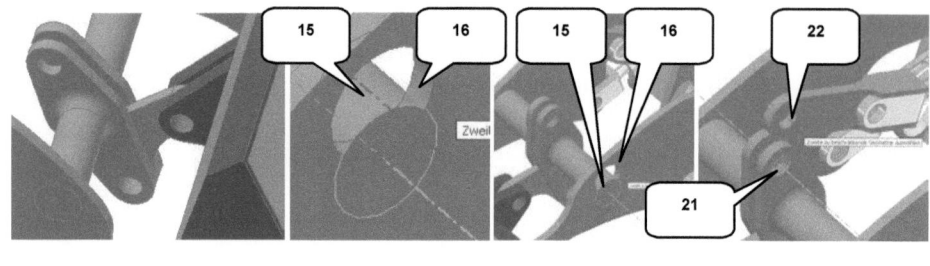

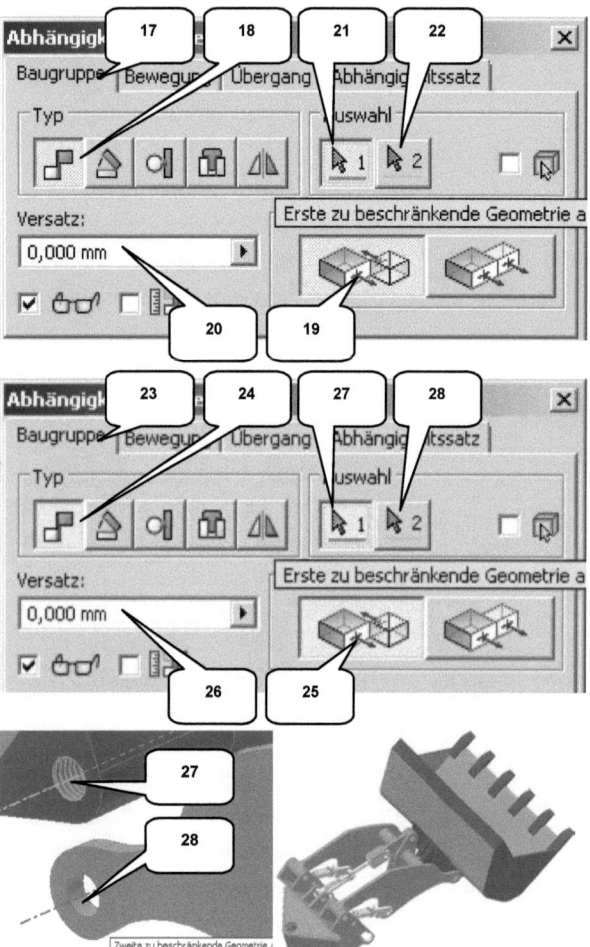

Modul_1:1, Kippzylinder-Fixierung:1 und Hubrahmen:1 sind ebenfalls *axial* miteinander zu verbinden.

- Register: Baugruppe (17)
- Typ: Passend (18)
- Modus: Passend (19)
- Versatz: 0 mm (20)
- Auswahl 1: Bohrung Modul_1 (21)
- Auswahl 2: Bohrung Kippzylinder-Fixierung (22)
- Anwenden **Anwenden**

- Register: Baugruppe (23)
- Typ: Passend (24)
- Modus: Passend (25)
- Versatz: 0 mm (26)
- Auswahl 1: Bohrung Modul_1 (27)
- Auswahl 2: Bohrung Hubrahmen:1 (28)
- OK **OK**

- **Speichern**

HINWEIS: Sollte beim Setzen der letzten Abhängigkeit eine Fehlermeldung erscheinen, hat das Programm möglicherweise einen internen Berechnungsfehler. In diesem Fall ist das Setzen der Abhängigkeit zu unterbrechen. Die Bohrungen von Schaufel und Hubrahmen sollten dann vorab aneinander ausgerichtet werden. Hierfür ist es empfehlenswert, den Hubrahmen:1 vorübergehend zu fixieren, um ihn anschließend wieder zu lösen.

7.18.7 Überprüfung von Mechanismus und Redundanzen

Arbeitsbereich: **Dynamische Simulation**

Um die Auswirkungen der zuletzt erfolgten Optimierung auf die Baugruppe zu überprüfen, ist im Bereich der **Dynamischen Simulation** der **Status des Mechanismus** zu starten.

Grad der Redundanz (r)	6
Grad der Beweglichkeit (dom)	1
Anzahl der Körper	10
Anzahl mobiler Körper	9

- Register: **Umgebungen** (1)
- **Dynamische Simulation** (2)
- **Status des Mechanismus**

	Vorher	Nachher
Grad der Redundanz	13	6
Grad der Beweglichkeit	2	1
Anzahl der Körper	13	10
Anzahl mobiler Körper	12	9

Die Anzahl der Redundanzen wurde von 13 auf 6 reduziert, was einen erheblichen Fortschritt darstellt. Der Grad der Beweglichkeit wurde von 2 auf 1 reduziert, die Anzahl der Körper von 13 auf 10 und die Anzahl der mobilen Körper von 12 auf 9.

- **OK** (Status des Mechanismus beenden)
- ✓ **Fertigstellen**

- Korrektur vorhandener Redundanzen -

7.18.8 Gelenkverbindungen austauschen

Arbeitsbereich:
Baugruppe (Zusammenfügen)

Weitere Redundanzen sollen eliminiert werden, indem das Drehgelenk der Bauteile Hubzylinder-Kolben:1 und Hubrahmen:1 durch eine *zylindrische Gelenkverbindung* ersetzt wird.

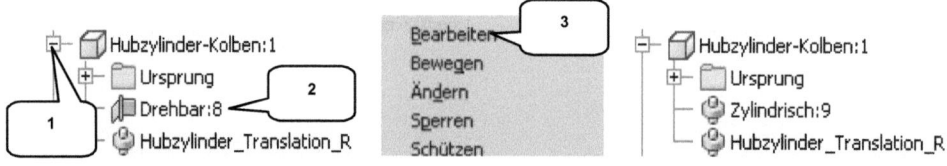

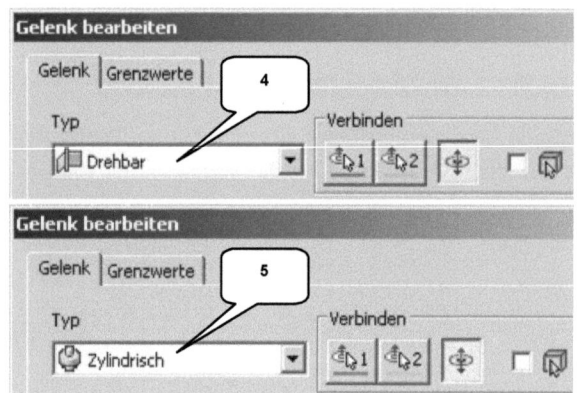

> **Hubzylinder-Kolben:1** erweitern (1)
> **Rechte Maustaste** auf **Drehbar** (2)
> **Bearbeiten** (3)

> Typ (alt): **Drehbar** (4)
> Typ (neu): **Zylindrisch** (5)
> **OK**

7.18.9 Überprüfung von Mechanismus und Redundanzen

Arbeitsbereich:
Dynamische Simulation

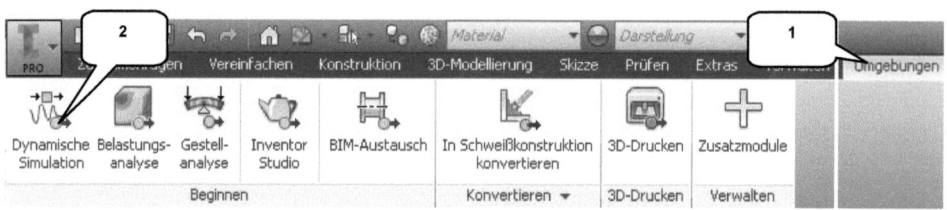

Das Ergebnis ist im Bereich der **Dynamischen Simulation** zu überprüfen.

- Korrektur vorhandener Redundanzen -

Grad der Redundanz (r)	5
Grad der Beweglichkeit (dom)	1
Anzahl der Körper	10
Anzahl mobiler Körper	9

➤ Register: **Umgebungen** (1)
Dynamische Simulation (2)
Status des Mechanismus

	Vorher	Nachher
Grad der Redundanz	6	5
Grad der Beweglichkeit	1	1
Anzahl der Körper	10	10
Anzahl mobiler Körper	9	9

Die Anzahl der Redundanzen wurde von 6 auf 5 reduziert, die restlichen Parameter sind unverändert. Die Baugruppe kann **gespeichert** und der Bereich der Dynamischen Simulation **verlassen** werden.

➤ **OK** (Status des Mechanismus beenden)
✓ **Fertigstellen**
💾 **Speichern**

7.18.10 Gelenkverbindungen durch Abhängigkeiten ersetzen

Arbeitsbereich:
Baugruppe (Zusammenfügen)

Im Bereich der Baugruppenmodellierung soll das **Drehgelenk** zwischen den Bauteilen Hubzylinder-Kolben:2 und Hubrahmen:2 durch eine **axiale Abhängigkeit** ersetzt werden.

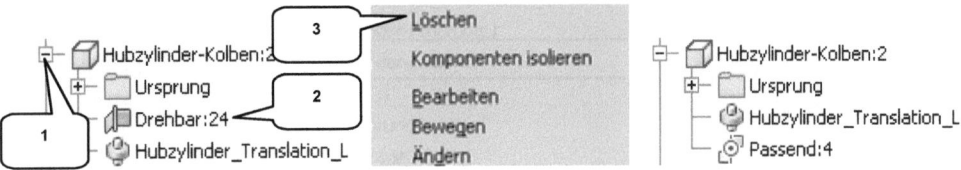

➤ **Hubzylinder-Kolben:2** erweitern (1)
➤ **Rechte Maustaste** auf **Drehbar** (2)
➤ **Löschen** (3)

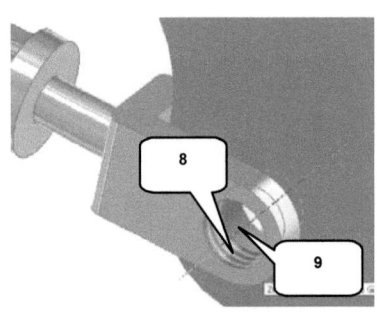
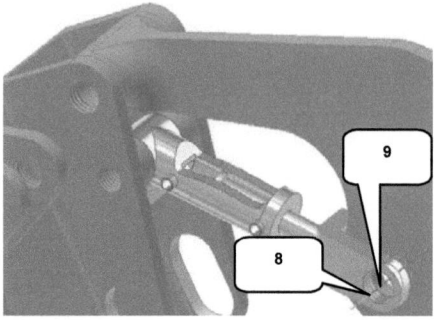

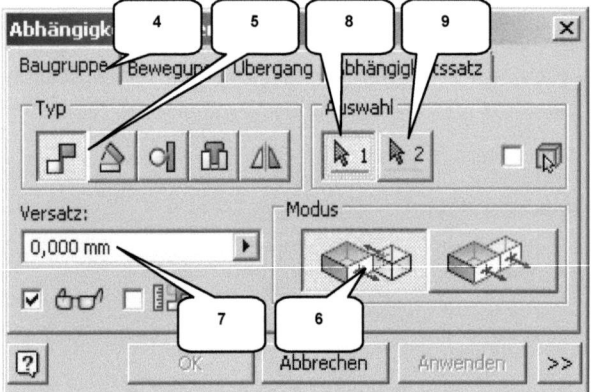

⌐ **Abhängig machen**
- Register: Baugruppe (4)
- Typ: Passend (5)
- Modus: Passend (6)
- Versatz: 0 mm (7)
- Auswahl 1: Bohrung Hubzylinder-Kolben:2 (8)
- Auswahl 2: Bohrung Hubrahmen:2 (9)
- **OK**

🖫 **Speichern**

7.18.11 Überprüfung von Mechanismus und Redundanzen

Arbeitsbereich:
Dynamische Simulation

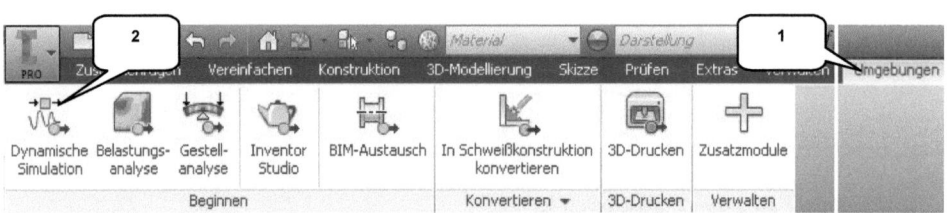

Um die Auswirkungen der zuletzt erfolgten Optimierung auf die Baugruppe zu überprüfen, ist erneut in den Bereich der **Dynamischen Simulation** zu wechseln und dort der Befehl **Status des Mechanismus** zu starten.

- Aktivierung festgelegter Bewegungen -

Grad der Redundanz (r)	4
Grad der Beweglichkeit (dom)	1
Anzahl der Körper	10
Anzahl mobiler Körper	9

➢ Register: **Umgebungen** (1)
Dynamische Simulation (2)
Status des Mechanismus

	Vorher	Nachher
Grad der Redundanz	5	4
Grad der Beweglichkeit	1	1
Anzahl der Körper	10	10
Anzahl mobiler Körper	9	9

Die Anzahl der Redundanzen wurde von 5 auf 4 reduziert, die restlichen Parameter sind unverändert. Es könnten noch weitere Maßnahmen zur Eliminierung von Redundanzen durchgeführt werden, was zum aktuellen Zeitpunkt allerdings nicht notwendig ist.

➢ **OK** (Status des Mechanismus beenden)

7.19 Aktivierung festgelegter Bewegungen
7.19.1 Grundlagen: Festgelegte Bewegung

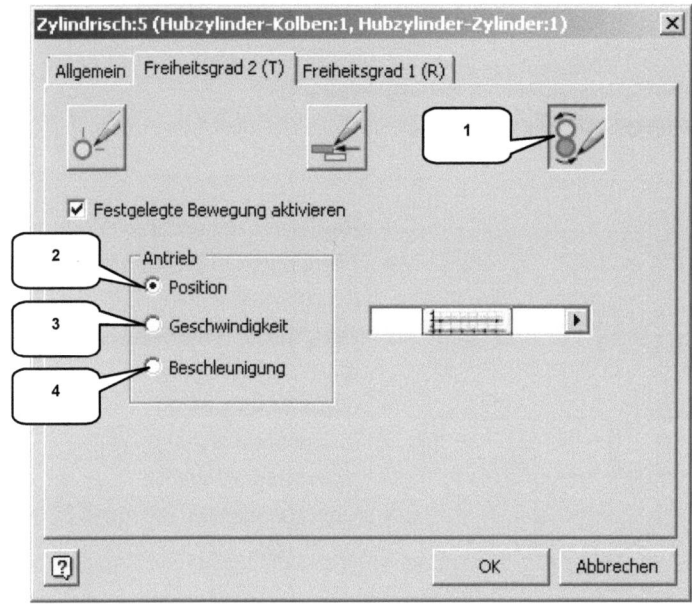

Bewegungen können im Bereich der Dynamischen Simulation erzeugt werden, indem z. B. vorhandene Gelenkverbindungen animiert werden. In den **Eigenschaften** von Gelenkverbindungen gibt es die **Festgelegten Bewegungen** (1), in denen gleichförmige oder ungleichförmige Antriebe in Form von Positionsänderungen (2), als Geschwindigkeit (3) oder als Beschleunigung (4) definiert werden können.

7.20 Gleichförmige Translation
7.20.1 Hubzylinder mit konstanter Geschwindigkeit beaufschlagen

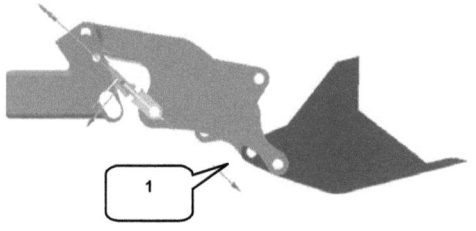

Das Hubsystem soll sich im ersten Beispiel einer Bewegungsanimation gleichmäßig nach oben bewegen. Zu diesem Zweck ist die zylindrische Gelenkverbindung zwischen den Bauteilen Hubzylinder-Kolben:1 und Hubzylinder-Zylinder:1 mit einer **gleichförmigen Geschwindigkeit** zu beaufschlagen.

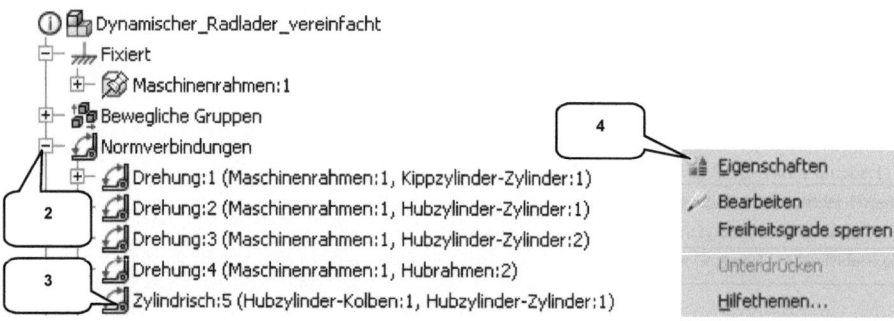

➢ Hubsystem ggf. noch einmal nach ganz unten ziehen (1)
➢ **Normverbindungen** erweitern (2)
➢ **Rechte Maustaste** auf zylindrische Gelenkverbindung der Bauteile **Hubzylinder-Kolben:1, Hubzylinder-Zylinder:1** (3)
➢ **Eigenschaften** (4)

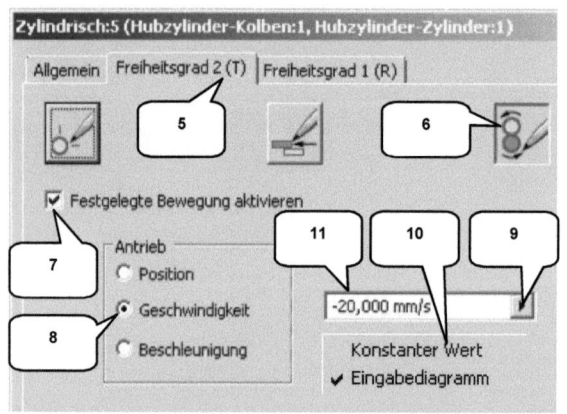

➢ Register: Freiheitsgrad (T) (5)
➢ Festgelegte Bewegung bearbeiten (6)
➢ Festgelegte Bewegung aktivieren (7)
➢ Geschwindigkeit (8)
➢ Eingabefeld erweitern (9)
➢ Konstanter Wert (10)
➢ Geschwindigkeit: -20 mm/s (11)
➢ OK
➢ Speichern

- Gleichförmige Translation -

HINWEIS: Sollte sich der Hubapparat in der folgenden Simulation nicht nach oben, sondern nach unten bewegen, muss der Wert der **Geschwindigkeit** (11) auf (+)**20 mm/s** geändert werden.

7.20.2 Ausführen und Aufzeichnen der Simulation

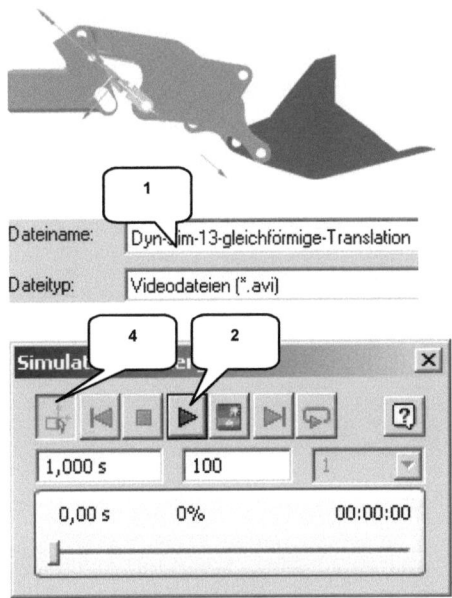

Die Beaufschlagung des Systems mit einer gleichförmigen Geschwindigkeit soll jetzt **simuliert** werden.

🎬 Film publizieren
- Dateiname: Dyn-Sim-13-gleichförmige-Translation (1)
- Dateityp: *.avi
- Speichern **Speichern**

- Komprimierung: Microsoft Video 1
- Qualität: 100 %
- OK **OK**

- ▶ **Wiedergabe** (2)
- **Ja** (Programmhinweis bestätigen) (3)
- Simulation ablaufen lassen
- **Konstruktionsmodus** (4)

🎬 Film publizieren

💾 Speichern

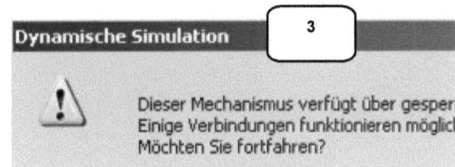

HINWEIS: Die Meldung des Programms auf vorhandene Konflikte zwischen Freiheitsgraden/ Grenzen und festgelegten Bewegungen kann ignoriert werden, da der entsprechende Konflikt (gleichförmige Geschwindigkeit <> Begrenzung der Drehbewegung zwischen Maschinenrahmen:1 und Hubrahmen:1) nicht vor Ablauf der Simulationsdauer (1 s) erreicht wird.

7.21 Gleichmäßig beschleunigte Translation
7.21.1 Grundlagen: Gelenkkraft

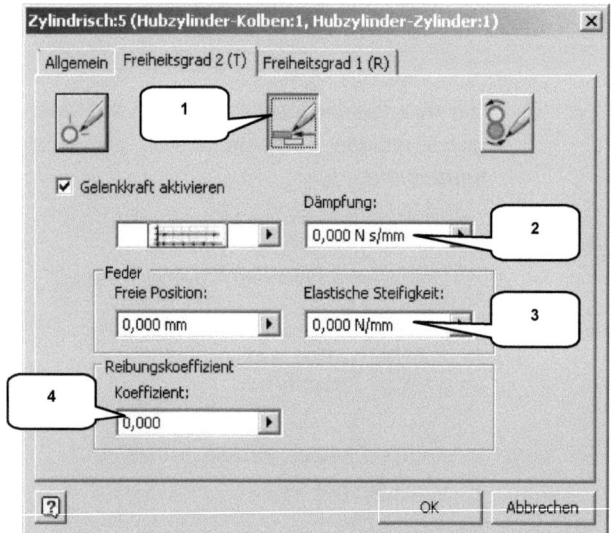

Bewegungen können im Bereich der Dynamischen Simulation auch über **Gelenkkräfte** (1) definiert werden, indem vorhandene Gelenkverbindungen mit gleichförmigen oder ungleichförmigen Kräften oder Drehmomenten beaufschlagt werden. Zusätzlich gibt es die Möglichkeit, weitere physikalische Eigenschaften wie z. B. die Dämpfung (2), die elastische Steifigkeit (3) oder den Reibungskoeffizienten (4) zu definieren.

7.21.2 Hubzylinder gleichmäßig beschleunigen

Nachdem der Hubapparat mit einer gleichförmigen Geschwindigkeit bewegt wurde, soll diese nun durch eine gleichmäßig beschleunigte Bewegung ersetzt werden. Hierfür ist dieselbe zylindrische Gelenkverbindung anstelle der gleichförmigen Geschwindigkeit mit einer gleichmäßig beschleunigten Kraft zu beaufschlagen.

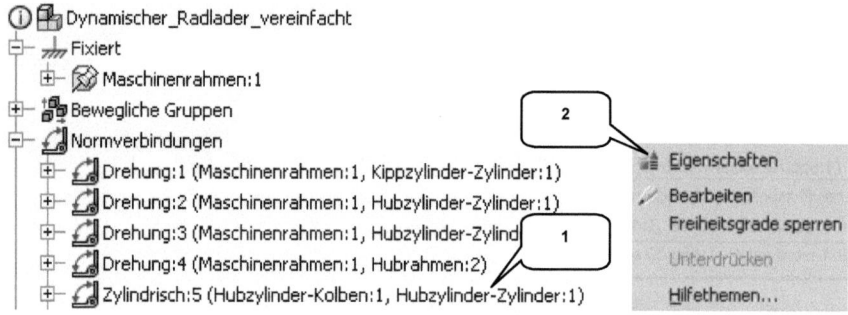

> **Rechte Maustaste** auf zylindrische Gelenkverbindung der Bauteile **Hubzylinder-Kolben:1, Hubzylinder-Zylinder:1** (1)
> **Eigenschaften** (2)

- Gleichmäßig beschleunigte Translation -

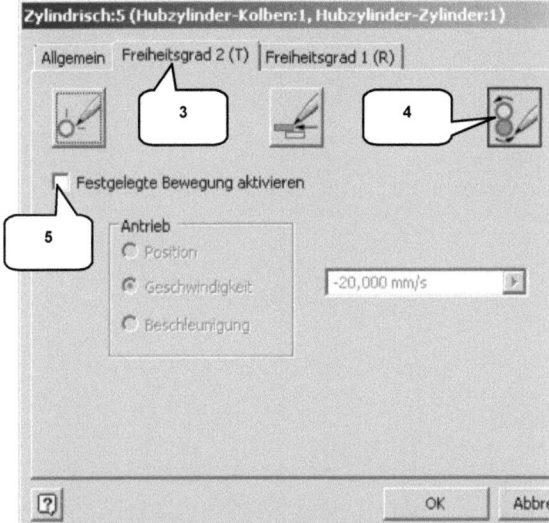

In den Eigenschaften der zylindrischen Gelenkverbindung muss zuerst die **Festgelegte Bewegung** deaktiviert werden.

➢ Register: Freiheitsgrad (T) (3)
➢ Festgelegte Bewegung bearbeiten (4)
➢ Festgelegte Bewegung deaktivieren (5)

Danach ist die **Gelenkkraft** zu bestimmen. Wegen der gewünschten **gleichmäßigen Beschleunigung** der Bewegung, soll hier das **Eingabediagramm** Verwendung finden.

➢ Gelenkkraft bearbeiten (6)
➢ Gelenkkraft aktivieren (7)
➢ Eingabefeld erweitern (8)
➢ Eingabediagramm (9)

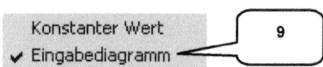

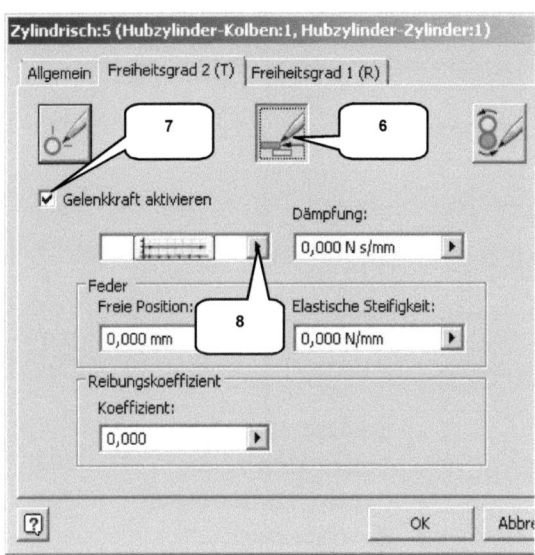

Im **Eingabediagramm** können für eine Simulation variable Verläufe der Geschwindigkeiten, Beschleunigungen, Positionen, Kräfte oder Drehmomente eingestellt werden.

Die Eingaben können gespeichert und in ein Tabellenformat exportiert werden. Bereits gespeicherte Eingabewerte können in die laufende Simulation importiert werden.

Die Kraft der zylindrischen Gelenkverbindung soll jetzt über die gesamte Simulationsdauer von einer Sekunde mit einem **linearen Anstieg** der Kraft von 0 N auf -300 N erhöht werden. **Start**- und **Endzeit** wurden bereits übernommen, der lineare Anstieg der **Kraft** und der maximale Werte der Kraft sind noch festzulegen. Die Einstellungen sind anschließend zu speichern.

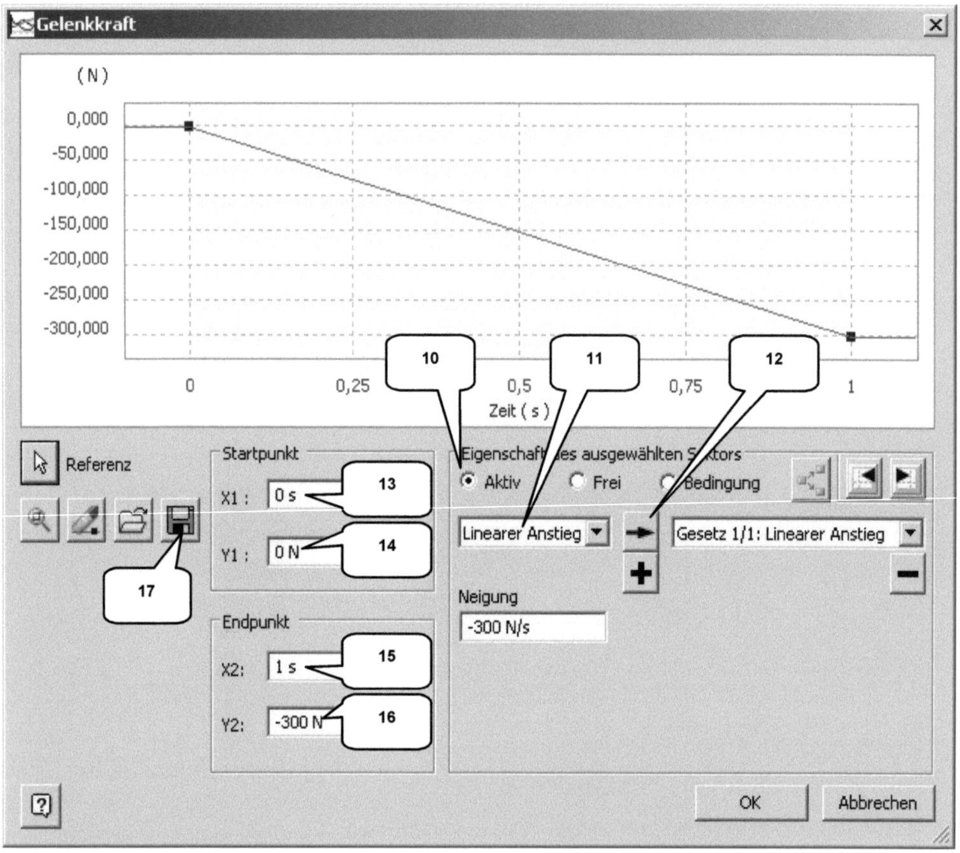

[Screenshot: Gelenkkraft-Dialog mit Kraft-Zeit-Diagramm (linearer Abfall von 0 N bei 0 s auf -300 N bei 1 s), Markierungen 10-17]

- Sektor: Aktiv (10)
- Gesetz: Linearer Anstieg (11)
- Aktuelles Gesetz ersetzen (12)
- Startzeit X1: 0 s (13)

- Startwert Y1: 0 N (14)
- Endzeit X2: 1 s (15)
- Endwert Y2: -300 N (16)
- Kurve speichern (17)

- Dateiname: Kurve-01-gleichmäßig-beschleunigte-Translation (18)

- Gleichmäßig beschleunigte Translation -

- Dateityp: *.cgd
- **Speichern** Speichern
- **OK** (Fenster: Gelenkkraft)
- **OK** (Fenster: Gelenkeigenschaften)

Die Bearbeitung der Gelenkkraft über das Eingabefenster wird in den **Gelenkeigenschaften** (19) grün symbolisiert. Die Baugruppe kann jetzt *gespeichert* und anschließend *simuliert* werden.

Speichern

7.21.3 Ausführen und Aufzeichnen der Simulation

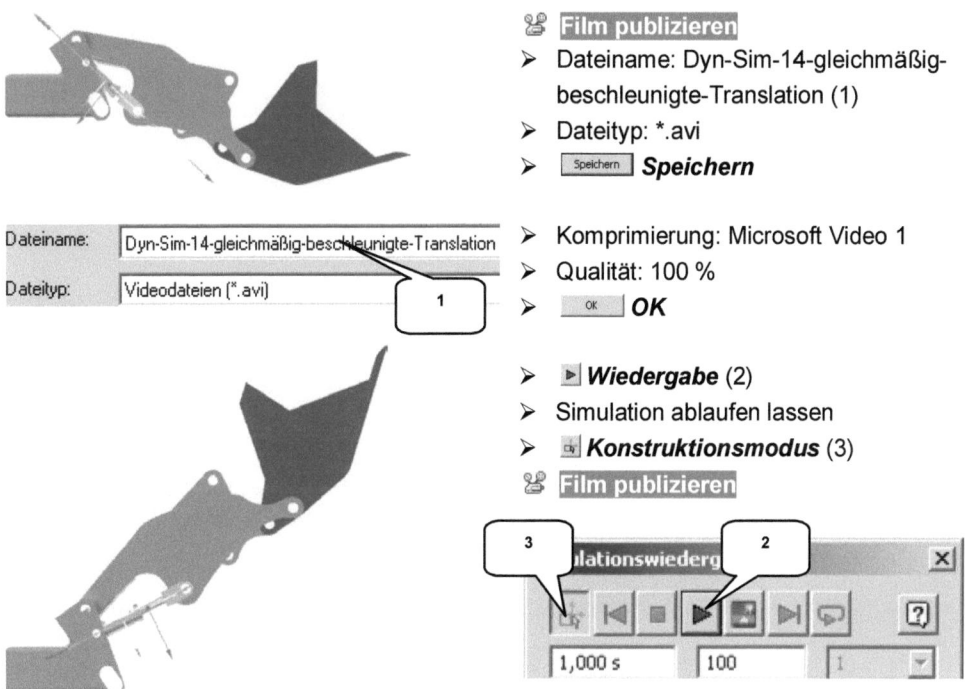

- **Film publizieren**
- Dateiname: Dyn-Sim-14-gleichmäßig-beschleunigte-Translation (1)
- Dateityp: *.avi
- **Speichern** Speichern

- Komprimierung: Microsoft Video 1
- Qualität: 100 %
- **OK**

- ▶ **Wiedergabe** (2)
- Simulation ablaufen lassen
- **Konstruktionsmodus** (3)
- **Film publizieren**

HINWEIS: Sollte sich der Hubapparat in der Simulation nicht nach oben bewegen, müssen die Gelenkeigenschaften erneut bearbeitet und der **Endwert** der **Kraft** im **Eingabediagramm** auf (+)**300 N** (16) geändert werden.

7.22 Ungleichmäßig beschleunigte Translation
7.22.1 Hubzylinder ungleichmäßig beschleunigen

Neben der Möglichkeit, gleichmäßig beschleunigte Bewegungen durchzuführen, können über das Eingabediagramm auch *ungleichmäßig beschleunigte Bewegungen* ausgeführt werden. In der folgenden Übung ist der bereits definierte Kurvenverlauf im *Eingabediagramm* zu bearbeiten.

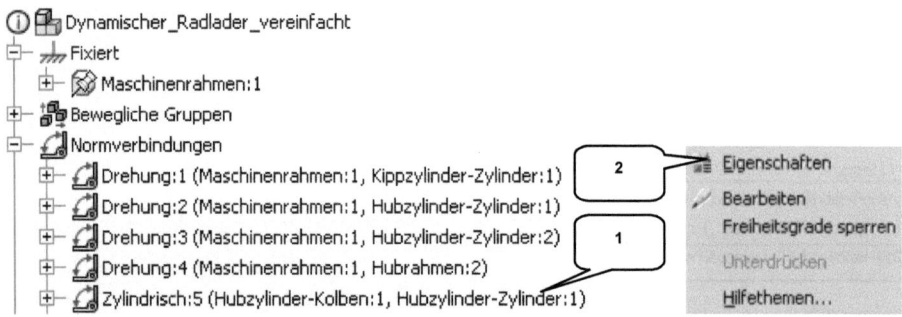

> *Rechte Maustaste* auf zylindrische Gelenkverbindung der Bauteile
> *Hubzylinder-Kolben:1, Hubzylinder-Zylinder:1* (1)
> *Eigenschaften* (2)

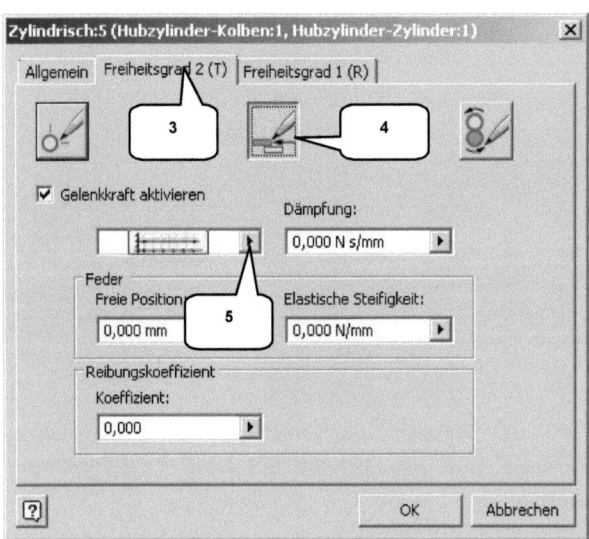

> Register: Freiheitsgrad (3)
> Gelenkkraft bearbeiten (4)
> Eingabefeld erweitern (5)
> Eingabediagramm (6)

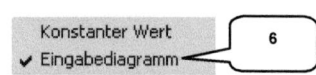

Im *Eingabediagramm* sollten die aktuellen Einstellungen jetzt gelöscht werden.

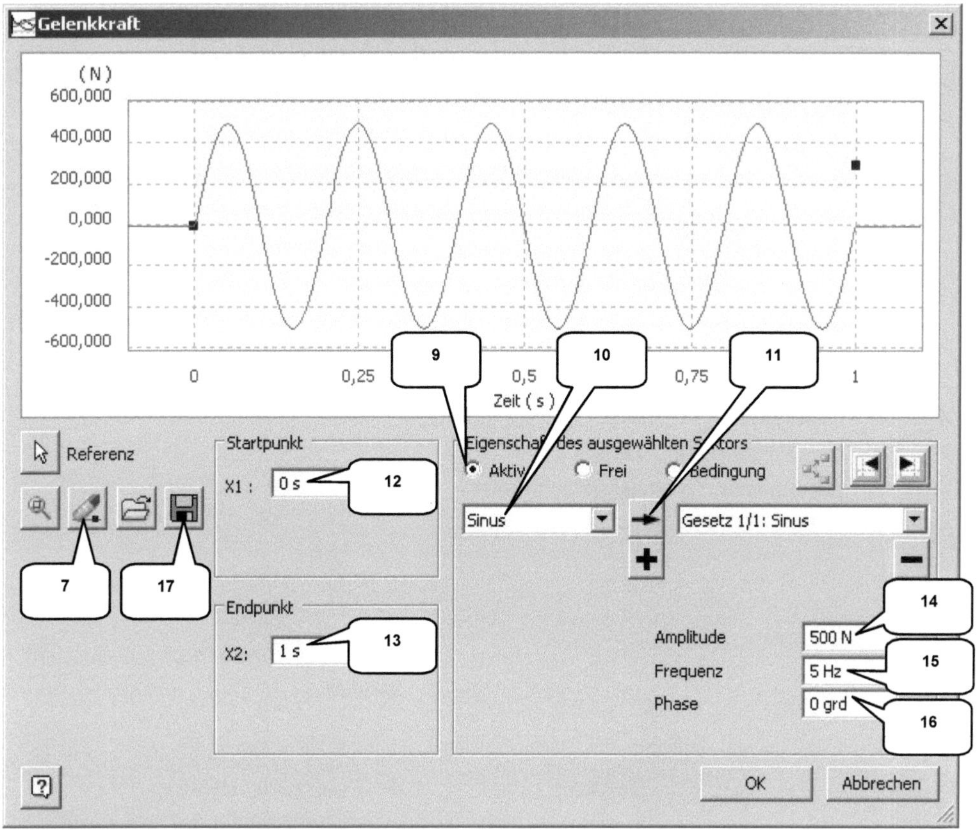

- Ungleichmäßig beschleunigte Translation -

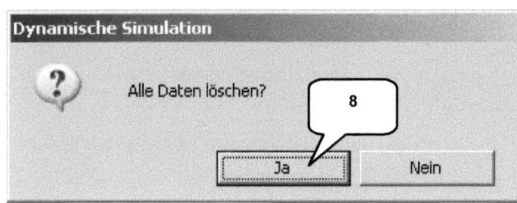

> ≫ **Vorhandene Kurvendefinition löschen** (7)

Das Programm fordert zur Sicherheit eine Bestätigung.

> ≫ **Ja** (8)

Das Eingabediagramm wurde in den Ausgangszustand zurückgesetzt und die neuen Einstellungen für eine *ungleichmäßig beschleunigte Bewegung* können übernommen werden.

- Ungleichmäßig beschleunigte Translation -

- Sektor: Aktiv (9)
- Gesetz: Sinus (10)
- Aktuelles Gesetz ersetzen (11)
- Startzeit X1: 0 s (12)
- Endzeit X2: 1 s (13)

- Amplitude: 500 N (14)
- Frequenz: 5 Hz (15)
- Phase: 0 ° (16)
- Kurve speichern (17)

- Dateiname: Kurve-02-ungleichmäßig-beschleunigte-Translation (18)
- Dateityp: *.cgd
- **Speichern**
- **OK** (Fenster: Gelenkkraft)
- **OK** (Fenster: Gelenkeigenschaften)
- **Speichern**

7.22.2 Ausführen und Aufzeichnen der Simulation

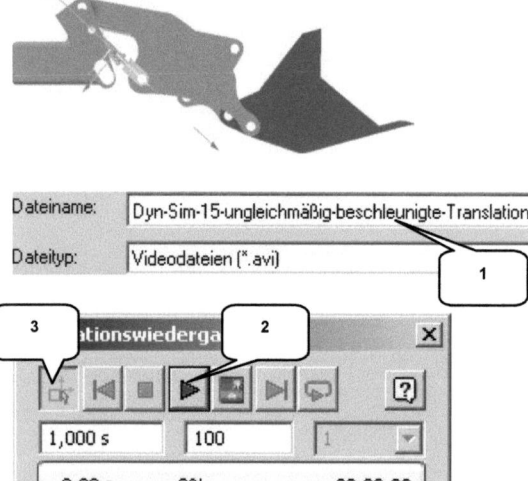

Eine neue **Simulation** soll ausgeführt werden.

Film publizieren
- Dateiname: Dyn-Sim-15-ungleichmäßig-beschleunigte-Translation (1)
- Dateityp: *.avi
- **Speichern**

- Komprimierung: Microsoft Video 1
- Qualität: 100 %
- **OK**

- **Wiedergabe** (2)
- Simulation ablaufen lassen
- **Konstruktionsmodus** (3)
- **Film publizieren**

- **Speichern**

- 126 -

7.23 Unbekannte Kräfte
7.23.1 Grundlagen Unbekannte Kraft

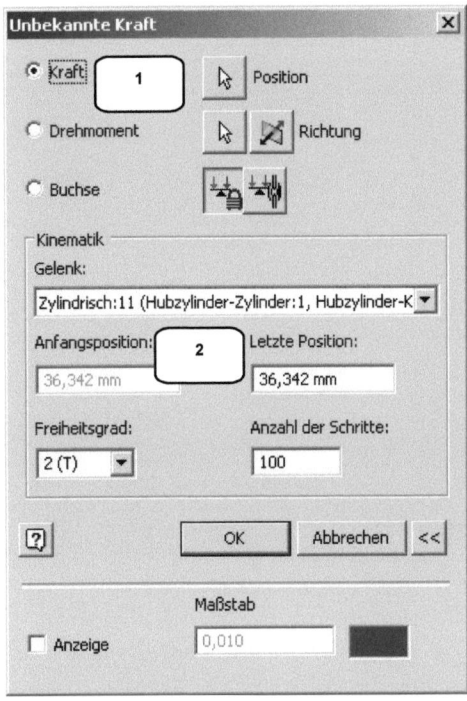

Der Befehl **Unbekannte Kraft** ermöglicht es, in einem statisch unbestimmten System die erforderliche Kraft oder das erforderliche Drehmoment (1) zu berechnen, das benötigt wird, um es in ein statisch bestimmtes System zu verwandeln und im Gleichgewicht zu halten. Alle externen Parameter wie z. B. Kräfte oder Drehmomente, die in der Baugruppe vorhanden sind, werden bei der Berechnung berücksichtigt.

Im Bereich der Kinematik (2) wird die zugehörige Gelenkverbindung aktiviert, Positionsangaben können zugewiesen sowie Freiheitsgrade und Arbeitsschritte definiert werden. Die Berechnungsergebnisse können dann im Ausgabediagramm analysiert, gespeichert oder weiterverarbeitet werden.

7.23.2 Gelenkkraft durch festgelegte Bewegung ersetzen

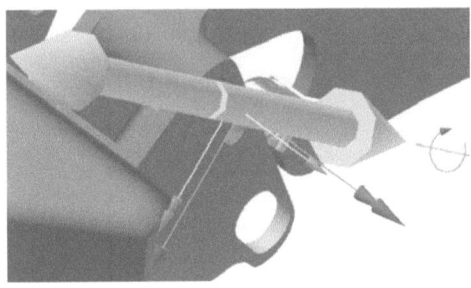

In der folgenden Übung sollen die während der Simulation auftretenden Kräfte im ersten Hubzylinder berechnet werden.

Hierfür muss die darin noch aktive **Gelenkkraft deaktiviert** werden, was über eine Bearbeitung der **Eigenschaften** der zylindrischen Gelenkverbindung der Bauteile Hubzylinder-Kolben:1 und Hubzylinder-Zylinder:1 erreicht werden kann.

- Unbekannte Kräfte -

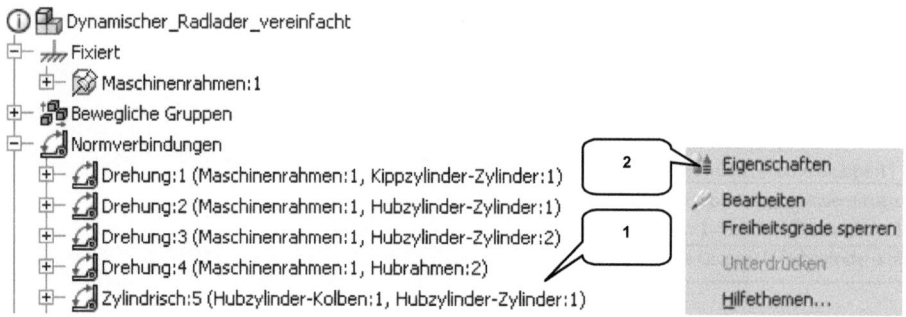

> **Rechte Maustaste** auf zylindrische Gelenkverbindung der Bauteile **Hubzylinder-Kolben:1, Hubzylinder-Zylinder:1** (1)
> **Eigenschaften** (2)

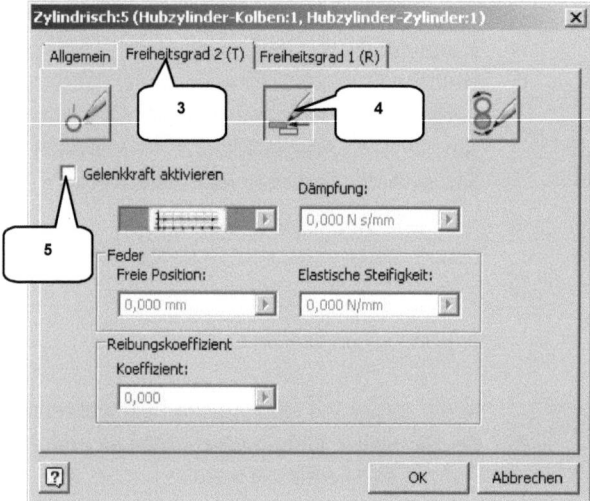

> Register: Freiheitsgrad (T) (3)
> Gelenkkraft bearbeiten (4)
> Gelenkkraft deaktivieren (5)

Anstelle der Gelenkkraft soll der Hubapparat jetzt mit einer *festgelegten Bewegung* in Form einer konstanten Geschwindigkeit bewegt werden.

Dabei ist der Bereich *Festgelegte Bewegung bearbeiten* zu aktivieren und darin die folgenden Einstellungen zu übernehmen.

HINWEIS: Sollte sich der Hubapparat bei der folgenden Simulation in die falsche Richtung bewegen, muss der Wert der Geschwindigkeit auf (+)*20 mm/s* korrigiert werden.

- Unbekannte Kräfte -

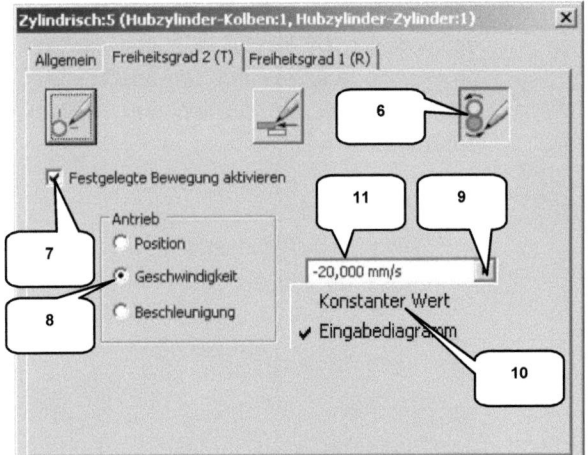

- Festgelegte Bewegung bearbeiten (6)
- Festgelegte Bewegung aktivieren (7)
- Geschwindigkeit (8)
- Eingabefeld erweitern (9)
- Konstanter Wert (10)
- Geschwindigkeit: -20 mm/s (11)
- OK

7.23.3 Unbekannte Kraft definieren und Simulation ausführen

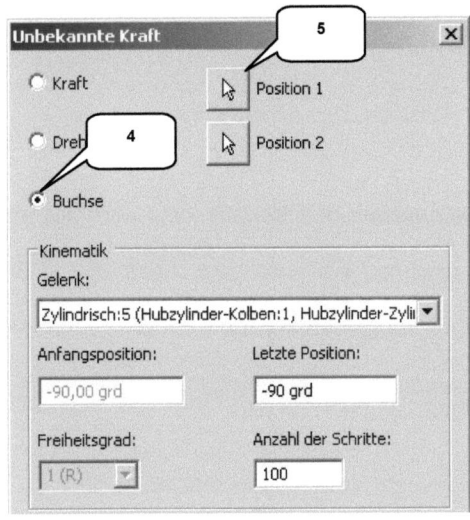

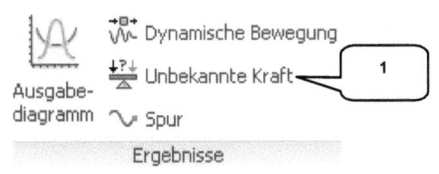

Unbekannte Kraft (1)

Das Programm wird einen Hinweis anzeigen, dass der **Antrieb der Freiheitsgrade vorübergehend an der Anfangsposition gesperrt wird** (2).

Diese Meldung kann mit OK (3) bestätigt werden.

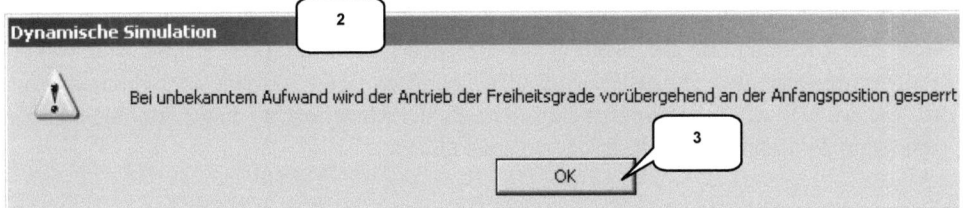

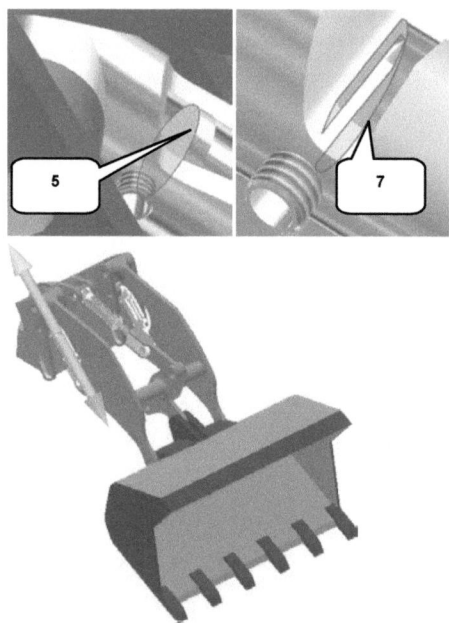
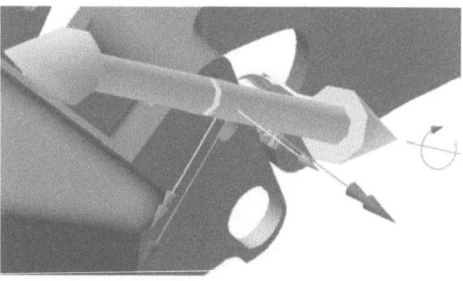

Jetzt können **Typ, Position** und **Richtung** definiert werden. Hierfür ist zuerst die Option Buchse auszuwählen, um anschließend die Referenzen für Position und Richtung auszuwählen.

> Option: Buchse (4)
> Position 1: Zylinderkante
> Hubzylinder-Kolben:1 (5)

HINWEIS: Bei der Auswahl der Referenzkante (5) ist die Zylinderkante auszuwählen, nicht die Fläche!

Der Hinweis des Programms auf eine **Überbestimmtheit des Modells** kann ebenfalls mit ⬚ OK (6) bestätigt werden.

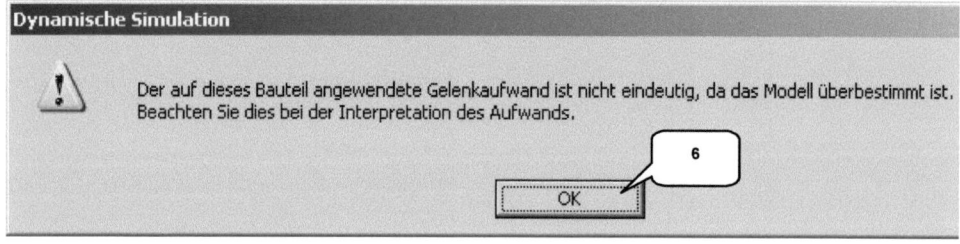

Nachfolgend können nun die zweite Referenz zur Positionierung am Bauteil Hubzylinder-Zylinder:1 definiert und die restlichen Einstellungen im Befehlsfenster vorgenommen werden. Bei der Auswahl der Referenzkante ist auch hier wieder darauf zu achten, dass die Zylinderkante der Bohrung zu wählen ist, nicht die Fläche.

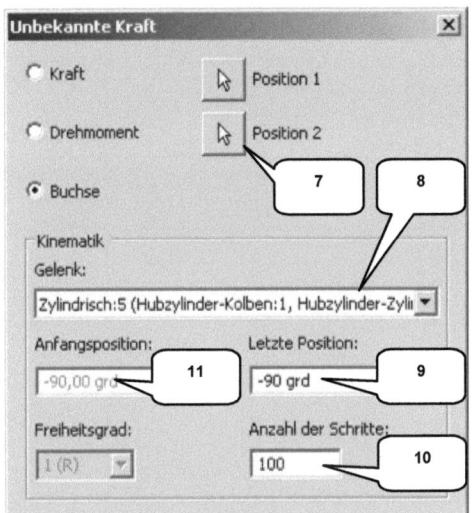

- Position 2: Bohrungskante Hubzylinder-Zylinder:1 (7)
- Gelenk: Zylindrische Gelenkverbindung der Bauteile **Hubzylinder-Kolben:1, Hubzylinder-Zylinder:1** (8)
- Letze Position: -90 ° (9)
- Schritte: 100 (10)
- OK **OK**

HINWEIS: Zu beachten ist der Wert im Feld **Anfangsposition** (11). Sollte er von den dargestellten -90 ° abweichen, so ist er ins Feld **letzte Position** (9) zu übertragen! Beide Werte sollten identisch sein.

Sollte das Programm erneut einen Hinweis über **gesperrte Freiheitsgrade** öffnen, kann dieser Hinweis mit Ja **Ja** (12) bestätigt werden.

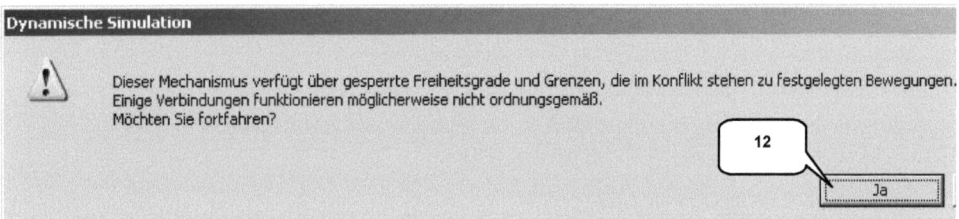

Das Programm startet einen ersten Durchlauf und das **Ausgabediagramm** öffnet sich.

HINWEIS: Sind in einer Baugruppe **2D-Kontaktverbindungen** vorhanden, müssen diese vor der Berechnung der unbekannten Kraft unterdrückt werden. In der aktuellen Baugruppe wurde zwar zu einem sehr frühen Konstruktionszeitpunkt eine 2D-Kontaktverbindung zwischen Schaufel und Bodenplatte erzeugt, diese wurde allerdings bereits gelöscht, als die Bodenplatte aus der Baugruppe entfernt wurde.

7.24 Ausgabediagramm
7.24.1 Grundlagen: Ausgabediagramm

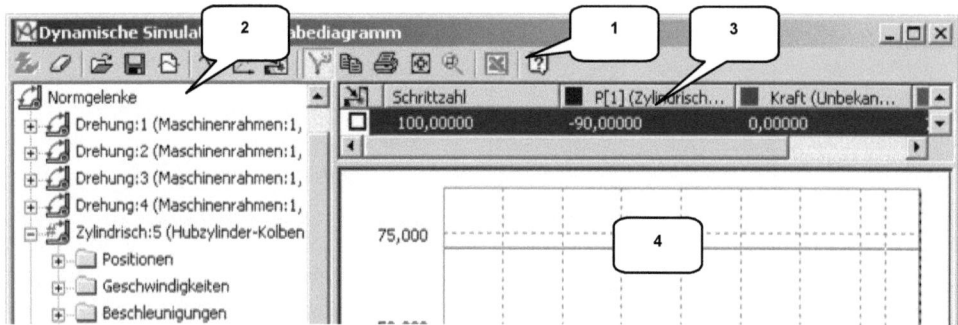

Das **Ausgabediagramm** enthält alle Berechnungsergebnisse einer Simulation und stellt diese tabellarisch und grafisch dar. Es beinhaltet verschiedene Werkzeuge (1), den Browser (2), das Zeitschrittfenster (3) und das Diagrammfenster (4).

Nachdem die Simulation durchgeführt wurde, stehen die folgenden **Optionen** zur Verfügung:

- ➢ **Diagramme** der Berechnungsergebnisse darstellen
- ➢ **Simulationsergebnisse** speichern
- ➢ **Vergleichen** von aktuellen und älteren **Berechnungsergebnissen**
- ➢ **Berechnungsergebnisse** für **FEM** vorbereiten
- ➢ **Berechnungsergebnisse** exportieren

7.24.2 Kraft im Hubzylinder unter Eigenlast ermitteln

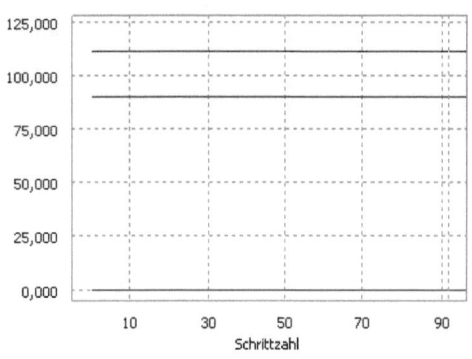

Im **Browser** des Ausgabediagramms muss die unbekannte Kraft aktiviert werden, um sie im Diagrammfenster anzuzeigen.

- ➢ Erweitern: Zylindrische Gelenkverbindung der Bauteile **Hubzylinder-Kolben:1, Hubzylinder-Zylinder:1** (1)
- ➢ Erweitern: Kraft (2)
- ➢ Aktivieren: Kraft (3)
- ➢ Erweitern: Unbekannte Kraft (4)
- ➢ Aktivieren: Kraft (5)

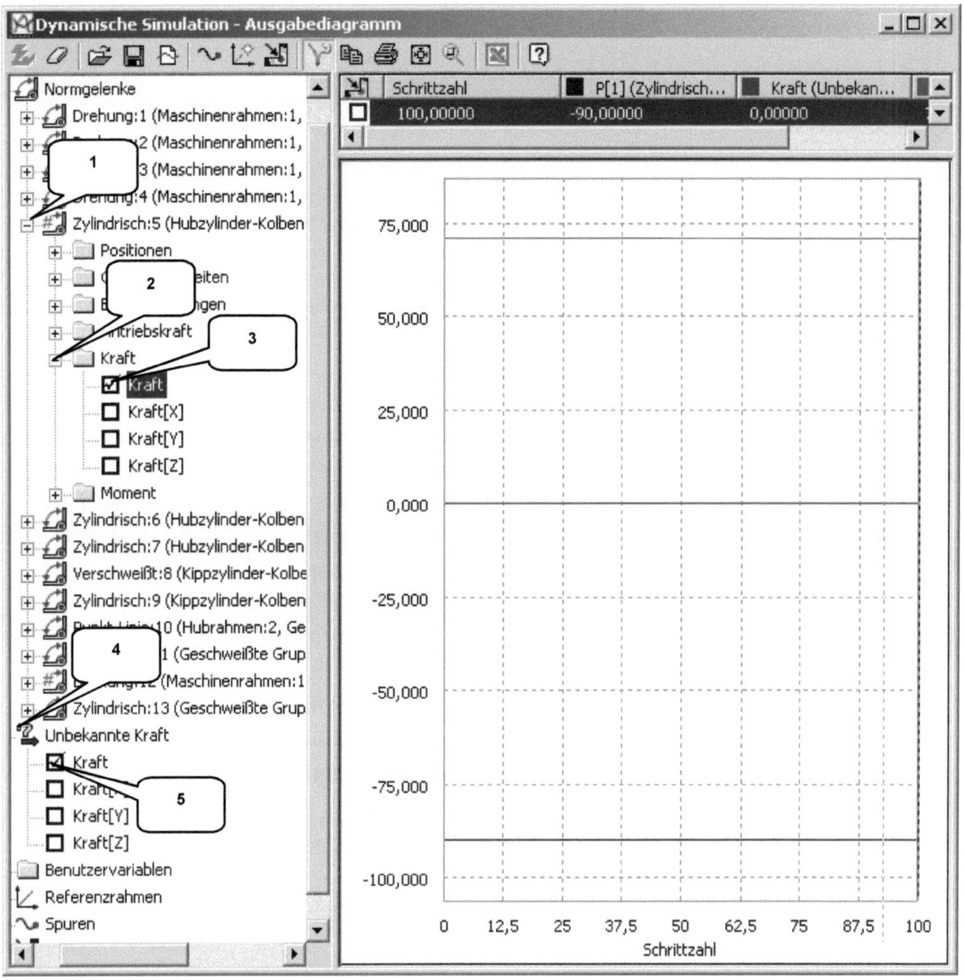

- Ausgabediagramm -

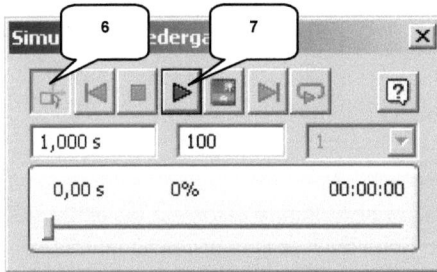

Im Fenster **Simulationswiedergabe** ist der Konstruktionsmodus zu aktivieren, um die Wiedergabe erneut zu starten.

> **Konstruktionsmodus** (6)
> **Wiedergabe** (7)
> Simulation ablaufen lassen

- Ausgabediagramm -

Zeit (s)	Kraft (Zylindrisc...
0,04000	77,74230
0,05000	77,43460
0,06000	76,87750
0,07000	76,17020
0,08000	75,37550
0,09000	74,53350
0,10000	73,67060
0,11000	72,80390
0,12000	71,94460
0,13000	71,09990
0,14000	70,27433
0,15000	69,47070
0,16000	68,69040
0,17000	67,93420
0,18000	67,20210

Der Hinweis zu **gesperrten Freiheitsgraden und Grenzen** kann mit **Ja** (8) bestätigt werden.

Um den **minimalen** und den **maximalen Kraftaufwand** im Hubzylinder zu ermitteln, kann der entsprechende Wert im Diagrammfenster abgelesen oder es kann im Zeitschrittfenster per rechter Maustaste die entsprechende Option im Kontextmenü gewählt werden.

> **Rechte Maustaste** auf Spalte **Kraft (Zylindrisch)** (9)
> **Suche Min.** (10)
> **Suche Max.** (11)

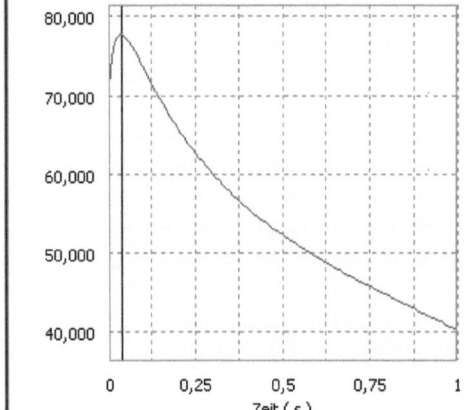

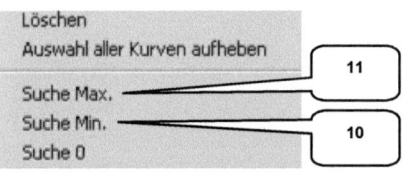

Damit wurden die minimale Kraft mit:

> F_{min} = 40,28 N (bei t = 1 s)

und die maximale Kraft mit:

> F_{max} = 77,74 N (bei t = 0,04 s)

ermittelt.

HINWEIS: F_{max} und F_{min} werden vom Programm nicht immer eindeutig bestimmt, daher sollte die Tabelle stets noch einmal kontrolliert werden.

7.24.3 Ergebnisse speichern und exportieren

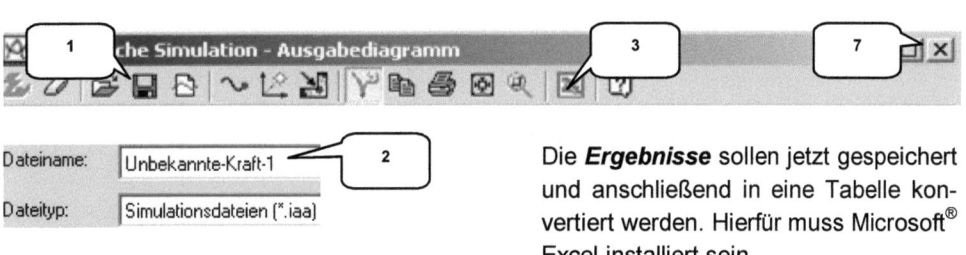

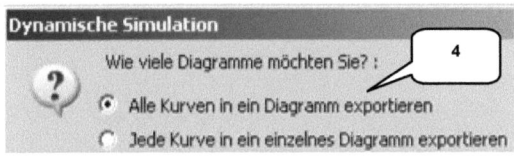

Die **Ergebnisse** sollen jetzt gespeichert und anschließend in eine Tabelle konvertiert werden. Hierfür muss Microsoft® Excel installiert sein.

➢ **Simulation speichern** (1)
➢ Dateiname: Unbekannte_Kraft_1 (2)
➢ Dateityp: *.iaa
➢ Speichern **Speichern**

➢ **Daten nach Excel exportieren** (3)
➢ Aktivieren: Alle Kurven in ein Diagramm exportieren (4)
➢ OK **OK**

➢ Schritt: 1 (5)
➢ OK **OK**

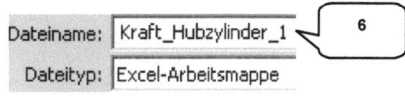

■ Speichern (in Excel)
➢ Dateiname: Kraft_Hubzylinder_1 (6)
➢ Dateityp: Excel-Arbeitsmappe
➢ Speichern **Speichern**

✕ Schließen (Microsoft® Excel)

➢ **Ausgabediagramm schließen** (7)

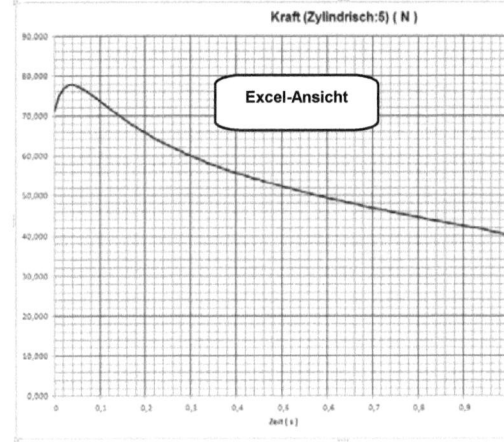

HINWEIS: Um die Tabellendatei und das darin enthaltene Diagramm erzeugen zu können, muss Microsoft® Excel installiert sein.

- Externe Kräfte -

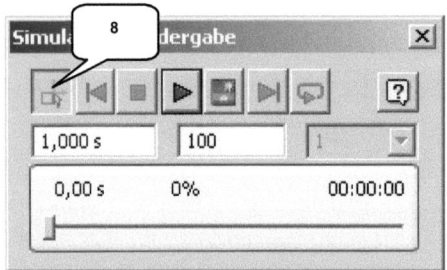

Die **Simulation** kann jetzt beendet und die Baugruppe gespeichert werden.

➢ **Konstruktionsmodus** (8)

🔲 Speichern (Baugruppe)

7.25 Externe Kräfte
7.25.1 Grundlagen: Kraft und Drehmoment

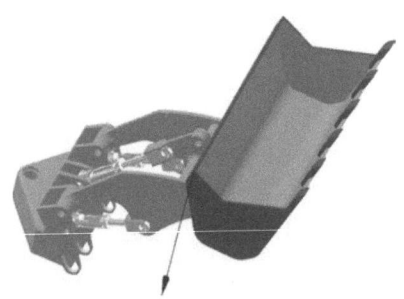

Neben der Schwerkraft können auch weitere, externe **Kräfte** und **Drehmomente** aktiviert werden. Sie können entlang vorhandener Kanten wirken, lotrecht zu Flächen und Ebenen wirken oder als Vektorkomponenten der Achsen des Koordinatensystems aufgespannt werden.

7.25.2 Zusätzliche Kräfte einfügen

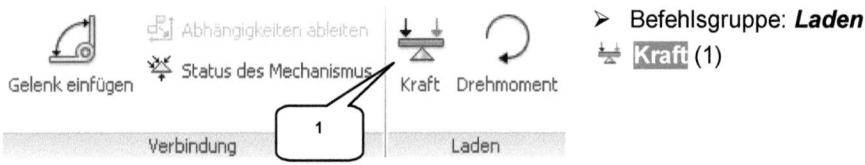

➢ Befehlsgruppe: **Laden**
  Kraft (1)

Eine zusätzliche **Kraft** soll jetzt auf die Baugruppe einwirken, wobei der Angriffspunkt (Scheitelpunkt) an der Schaufel anzusetzen ist.

Die Wirkrichtung der Kraft soll anhand des Koordinatensystems ausgerichtet werden und in entgegengesetzter Richtung der Y-Achse (wie auch die Schwerkraft) wirken. Zusätzlich soll die Kraft während der Simulation angezeigt werden. Hierbei ist auf die Einstellungen des Maßstabs zu achten.

- Externe Kräfte -

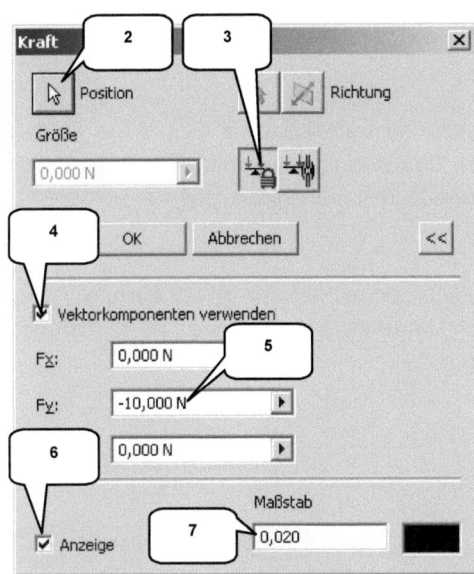

> Position: Rechte obere Ecke der Schaufel (2)
> Feste Belastungsrichtung (3)
> Aktivieren: Vektorkomponenten verwenden (4)
> F_Y: -10 N (5)
> Aktivieren: Anzeige (6)
> Maßstab: 0,02 (7)
> OK

🖫 **Speichern**

7.25.3 Ausführen und Aufzeichnen der Simulation

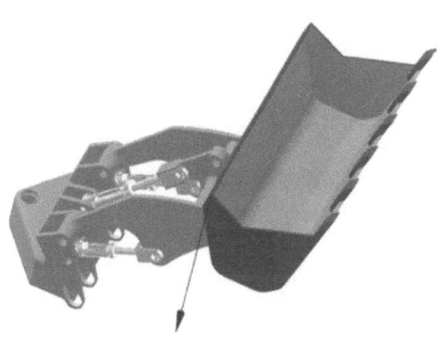

Die neuen Einstellungen sind in einer **Simulation** nachzuweisen.

Film publizieren
> Dateiname: Dyn-Sim-16-externe-Kraft (1)
> Dateityp: *.avi
> Speichern **Speichern**

> Komprimierung: Microsoft Video 1
> Qualität: 100 %
> OK

> Ja **Ja** (Dieser Mechanismus...)

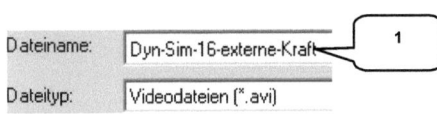

> ▶ **Wiedergabe** (2)
> Simulation ablaufen lassen
> **Konstruktionsmodus** (3)
> **Film publizieren**

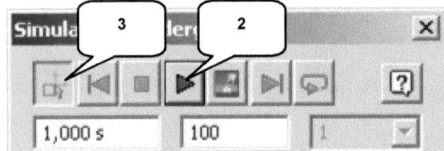

- 137 -

7.26 Spuren
7.26.1 Grundlagen: Spur

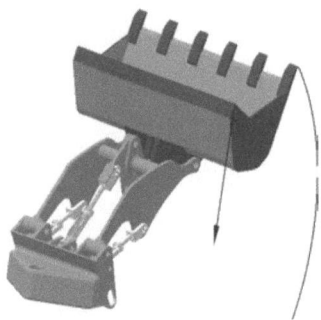

Mit **Spuren** können während einer Simulation Bewegungsbahnen, Geschwindigkeiten oder Beschleunigungen einer beweglichen Baugruppe grafisch dargestellt werden.

Hierbei kann entschieden werden, ob die ausgewählten kinematischen Werte als Vektoren oder als Kurven erzeugt werden sollen.

7.26.2 Spur einfügen

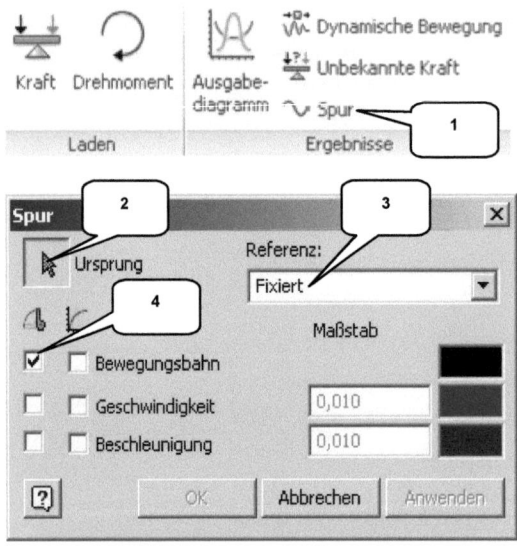

> Befehlsgruppe: **Ergebnisse**
> Spur (1)

Die Bewegungsbahn der Schaufel während der Simulation soll als **Spur** dargestellt werden. Als Referenzpunkt ist hierbei die untere rechte Ecke der Schaufel zu wählen.

> Ursprung: Ecke Schaufel (2)
> Referenz: Fixiert (3)
> Aktivieren: Bewegungsbahn (4)
> **OK**

 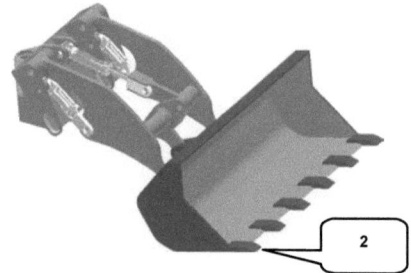

7.26.3 Ausführen und Aufzeichnen der Simulation

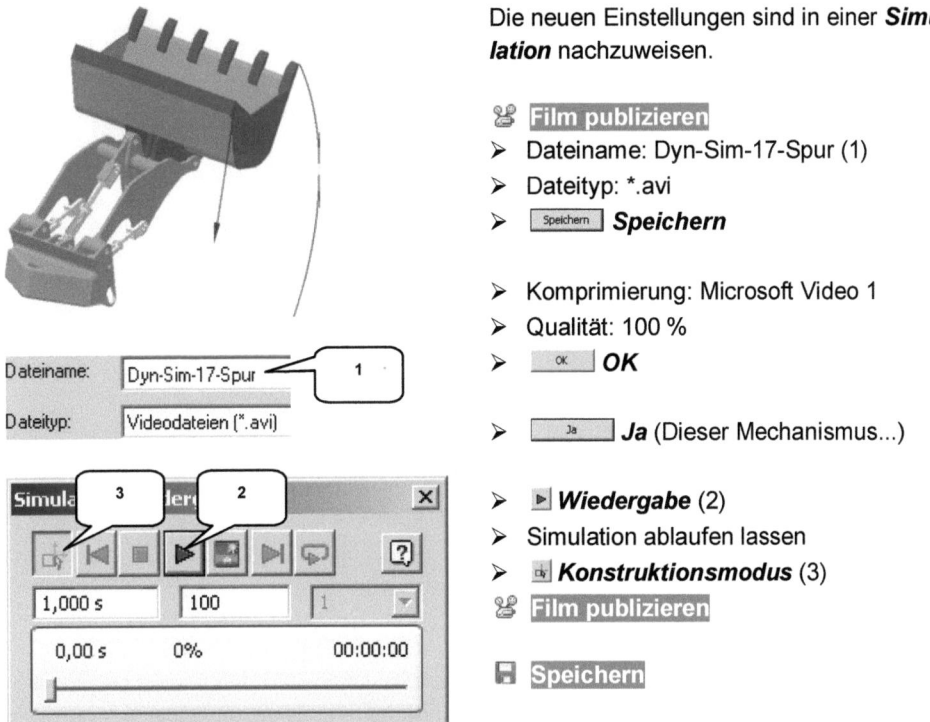

Die neuen Einstellungen sind in einer **Simulation** nachzuweisen.

Film publizieren
- Dateiname: Dyn-Sim-17-Spur (1)
- Dateityp: *.avi
- `Speichern` **Speichern**

- Komprimierung: Microsoft Video 1
- Qualität: 100 %
- `OK` **OK**

- `Ja` **Ja** (Dieser Mechanismus...)

- ▶ **Wiedergabe** (2)
- Simulation ablaufen lassen
- **Konstruktionsmodus** (3)

Film publizieren

Speichern

7.27 Simulationsergebnisse nach FEM exportieren
7.27.1 Grundlagen: Simulationsergebnisse für FEM vorbereiten

Berechnungsergebnisse aus dem Bereich der Dynamischen Simulation können in den Bereich der **FEM** (Finite-Elemente-Methode) übertragen werden, um die Auswirkungen der Belastungen auf die einzelnen Komponenten und die gesamte Baugruppe zu analysieren. Die hierfür benötigten Daten stammen aus der AIP-Belastungsanalyse oder von ANSYS® Workbench.

Um die Berechnungsergebnisse exportieren zu können, sind einige **Einstellungen** und **Vorarbeiten** nötig, die im Folgenden kurz erläutert werden.

Grundeinstellungen

In den Standardeinstellungen des Programmes wurde bereits festgelegt, dass die Berechnungsergebnisse aus dem Bereich der Dynamischen Simulation automatisch für die FEM-Berechnung mit Inventor® vorzubereiten sind. Sollen Daten abweichend für den Export nach ANSYS® vorbereitet werden, sind weitere Schritte nötig, die in der Programmhilfe nachzulesen sind.

Zeitschritte erzeugen

Nach erfolgreicher Simulation sind aus den Ergebnissen Zeitschritte zu erzeugen. Sie werden benötigt, um im FEM-Bereich Berechnungen durchführen zu können.

Bauteile und Flächen auswählen

Anschließend müssen die zu exportierenden Bauteile und die zugehörigen Kontaktflächen definiert werden: Das Programm schlägt dabei mögliche Lösungsansätze vor. Wurden die Ergebnisse exportiert, kann der Bereich der Dynamischen Simulation verlassen, und der Bereich der Belastungsanalyse geöffnet werden.

7.27.2 Zeitschritte erzeugen

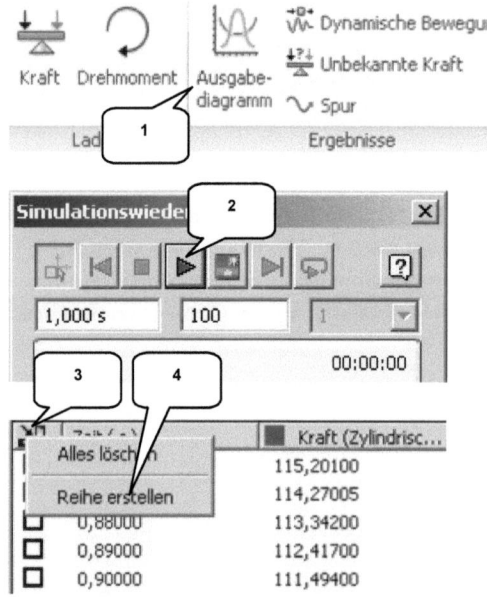

Die aktuellen Simulationsergebnisse sollen in den **FEM-Bereich exportiert** werden. Hierfür muss das Ausgabediagramm erneut geöffnet und die Simulation anschließend wiederholt werden.

➢ Befehlsgruppe: *Ergebnisse*
   Ausgabediagramm (1)

➢ ▶ *Wiedergabe* (2)
➢ **Ja** (Dieser Mechanismus...)
➢ Simulation ablaufen lassen

Nachdem die Simulation vollständig ausgeführt wurde, ist im Zeitschrittfenster mit der **rechten Maustaste** auf das **FEM-Symbol** zu klicken und aus den Werten eine **Reihe** zu erstellen.

- Simulationsergebnisse nach FEM exportieren -

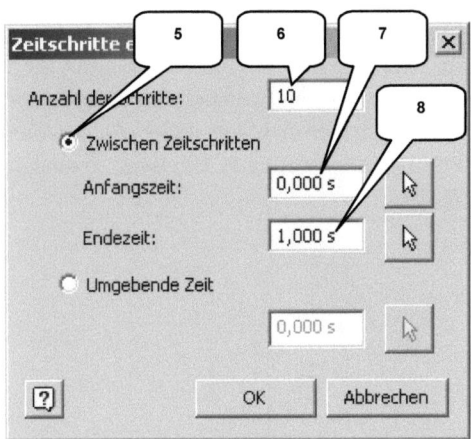

> **Rechte Maustaste** auf 🖼 (3)
> **Reihe erstellen** (4)

Das Programm wird jetzt aus allen Berechnungsergebnissen 10 Zeitschritte in gleichen Intervallen erstellen.

> Aktivieren: Zwischen Zeitschritten (5)
> Schritte: 10 (6)
> Anfangszeit: 0 s (7)
> Endezeit: 1 s (8)
> ⬚ **OK**

HINWEIS: Die vom Programm lokalisierten Werte werden jetzt hervorgehoben.

7.27.3 Bauteile und Flächen auswählen

Im nächsten Schritt muss der Befehl **In FEM exportieren** gestartet und anschließend das zu exportierende Bauteil gewählt werden. Hierfür ist der Hubzylinder-Kolben:1 zu verwenden.

> 🖼 **In FEM exportieren** (1)
> Bauteile: Hubzylinder-Kolben:1 (2)
> ⬚ **OK**

Der Hinweis des Programms auf eine **Überbestimmtheit des Modells** kann mit ⬚ **OK** bestätigt werden.

> ⬚ **OK** (Modell überbestimmt)
> ⬚ **OK** (3)

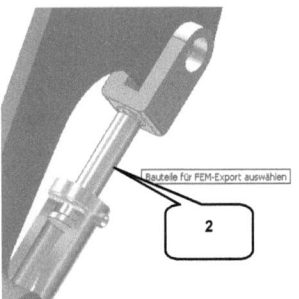

- Simulationsergebnisse nach FEM exportieren -

Das Programm erwartet jetzt die Auswahl der *lasttragenden Flächen*. Hiermit sind die Flächen der bestehenden Gelenkverbindungen gemeint, mit denen der Kolben an den angrenzenden Bauteilen befestigt wurde.

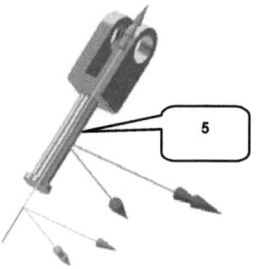

> Auswahl 1: Zylindrische Gelenkverbindung *Hubzylinder-Kolben:1, Hubzylinder-Zylinder:1* (4)
> Zylinderfläche des Kolbens wählen (5)

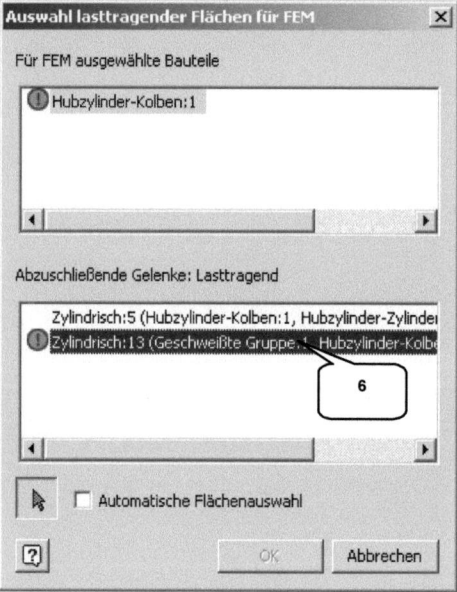

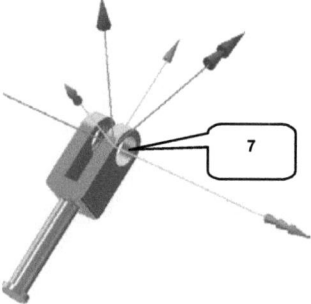

> Auswahl 2: Zylindrische Gelenkverbindung *Geschweißte Gruppe:1, Hubzylinder-Kolben:1* (6)
> Bohrungsfläche Kolben wählen (7)
> OK

HINWEIS: Eventuell sind die beiden Zeilen im Fenster *Auswahl lasttragender Flächen für FEM* vertauscht, weshalb auf die korrekte Auswahl zu achten ist.

- Simulation der exportierten Ergebnisse -

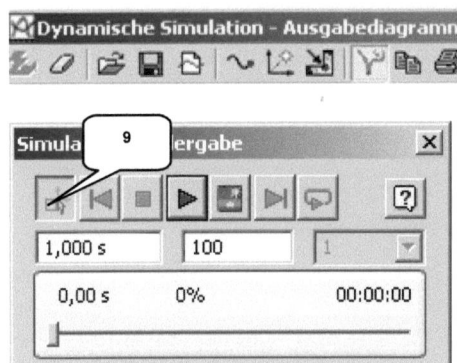

Das **Ausgabediagramm** kann jetzt geschlossen, der **Konstruktionsmodus** aktiviert und der Bereich der Dynamischen Simulation **verlassen** werden.

➢ **Ausgabediagramm schließen** (8)
➢ **Konstruktionsmodus** (9)

✓ Fertigstellen
🖬 Speichern (Baugruppe)

7.28 Simulation der exportierten Ergebnisse
7.28.1 Öffnen der Belastungsanalyse

Arbeitsbereich:
Belastungsanalyse

Nachdem der Bereich der Dynamischen Simulation verlassen wurde, kann der Bereich der **Belastungsanalyse** geöffnet werden.

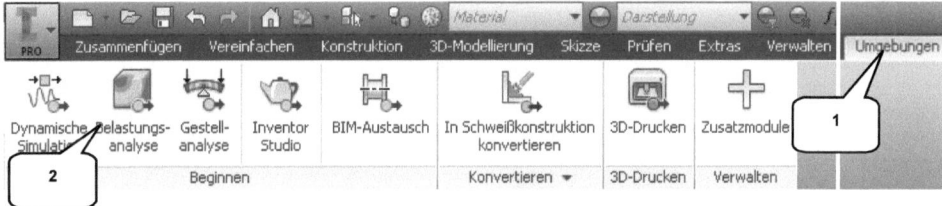

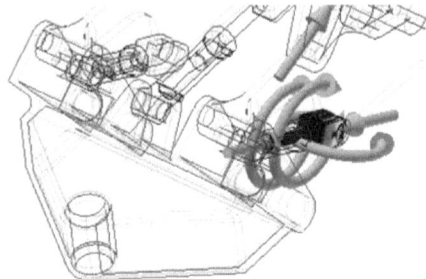

➢ Register: **Umgebungen** (1)
🔲 Belastungsanalyse (2)

Ein kurzer Ausflug in den Bereich der **Belastungsanalyse** soll die Möglichkeiten aufzeigen, Daten aus dem Bereich der Dynamischen Simulation dorthin zu exportieren.

7.28.2 Erstellen der neuen Simulation

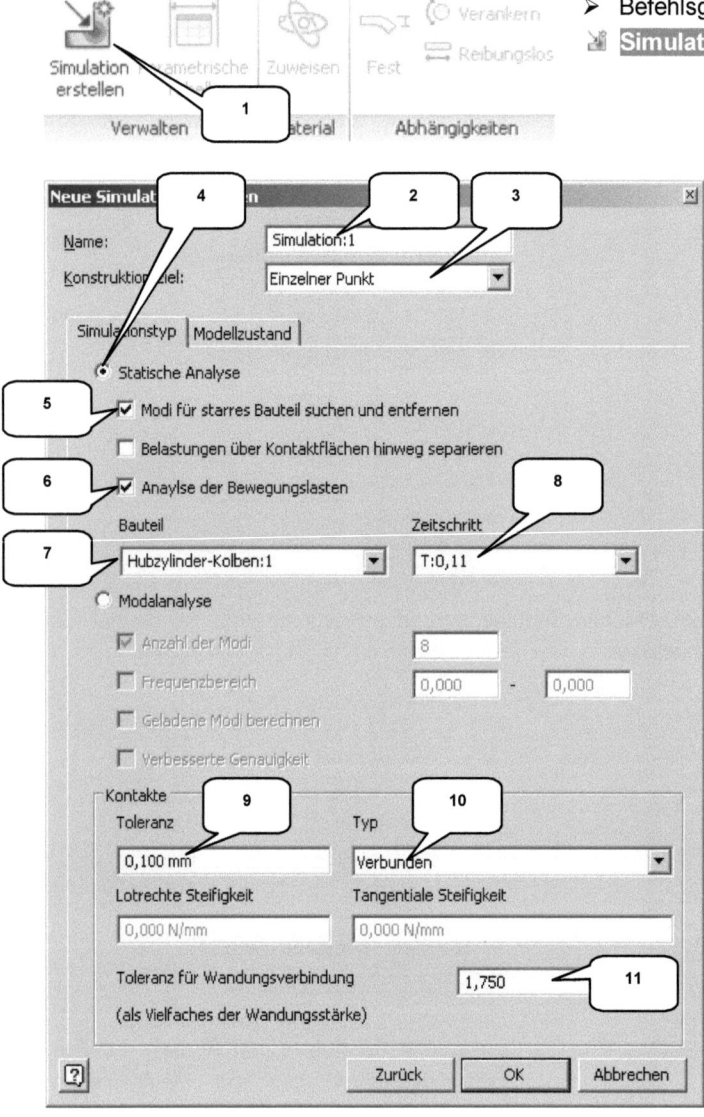

> Befehlsgruppe: **Verwalten**
> Simulation erstellen (1)

Sobald der Befehl *Simulation erstellen* gestartet wurde, öffnet das Programm das gleichnamige Befehlsfenster in dem einige *Grundeinstellungen* vorzunehmen sind.

Für die folgende Übung soll eine *statische Analyse* inklusive einer Analyse der *Bewegungslasten* durchgeführt werden.

Wurden alle Einstellungen übernommen, muss den Komponenten der Baugruppe jeweils ein Material zugewiesen werden.

- Simulation der exportierten Ergebnisse -

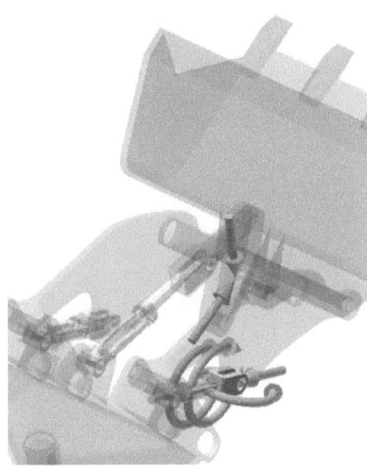

- Name: Simulation:1 (2)
- Konstruktionsziel: Einzelner Punkt (3)
- Simulationstyp: Statische Analyse (4)
- Aktivieren: Modi für starres Bauteil ... (5)
- Aktivieren: Analyse für Bewegungslasten (6)
- Bauteil: Hubzylinder-Kolben:1 (7)
- Zeitschritt: T:0,11 (8)
- Toleranz: 0,1 mm (9)
- Typ: Verbunden (10)
- Toleranz für Wandungsverbindung: 1,75 (11)
- OK
- Speichern

7.28.3 Material zuweisen

- Befehlsgruppe: **Material**
- **Materialien zuweisen** (1)
- Zelle 1 wählen (2)
- Material: Stahl
- Stahl für alle Bauteile übernehmen
- OK

Komponente	Originalmaterial	Material der Überschreib	Sicherheitsfaktor
Dynamischer_Radlade			
Maschinenrahmer	Generisch	Stahl	Streckgrenze
Kippzylinder-Zylin	Generisch	Stahl	Streckgrenze
Hubzylinder-Zylin	Generisch	Stahl	Streckgrenze
Hubzylinder-Zylin	Generisch	Stahl	Streckgrenze
Hubrahmen:1	Generisch	Stahl	Streckgrenze
Hubrahmen:2	Generisch	Stahl	Streckgrenze
Hubzylinder-Kolbe	Generisch	Stahl	Streckgrenze
Hubzylinder-Kolbe	Generisch	Stahl	Streckgrenze
Kippzylinder-Fixie	Generisch	Stahl	Streckgrenze
Kippzylinder-Kolbe	Generisch	Stahl	Streckgrenze
Modul_1:1	Generisch	Stahl	Streckgrenze

- Simulation der exportierten Ergebnisse -

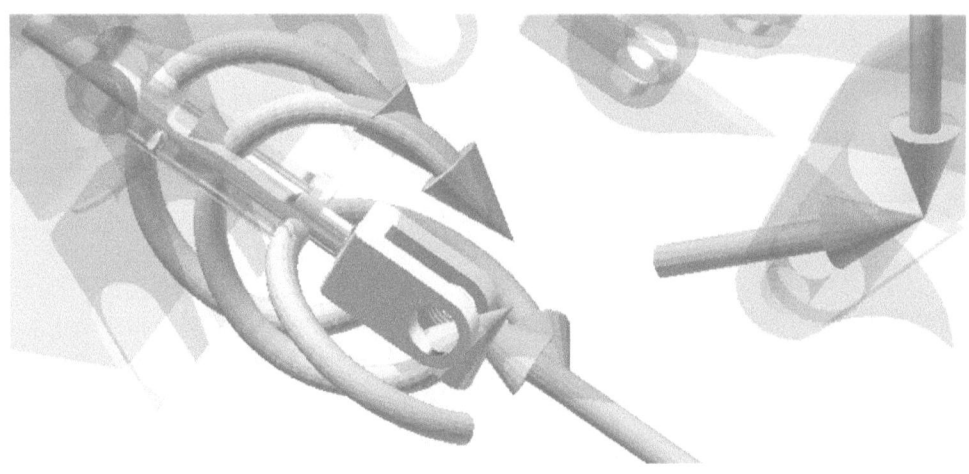

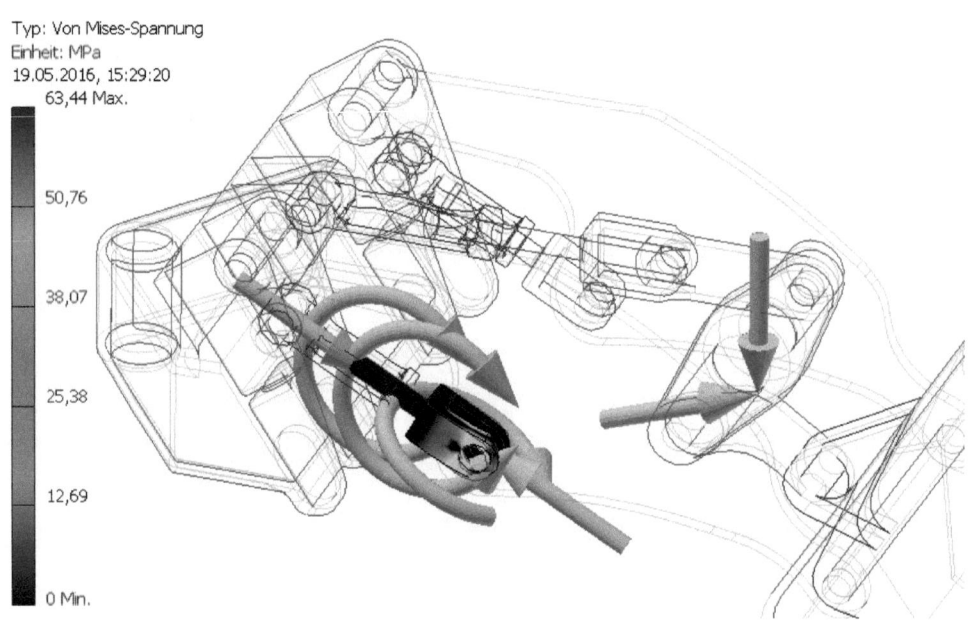

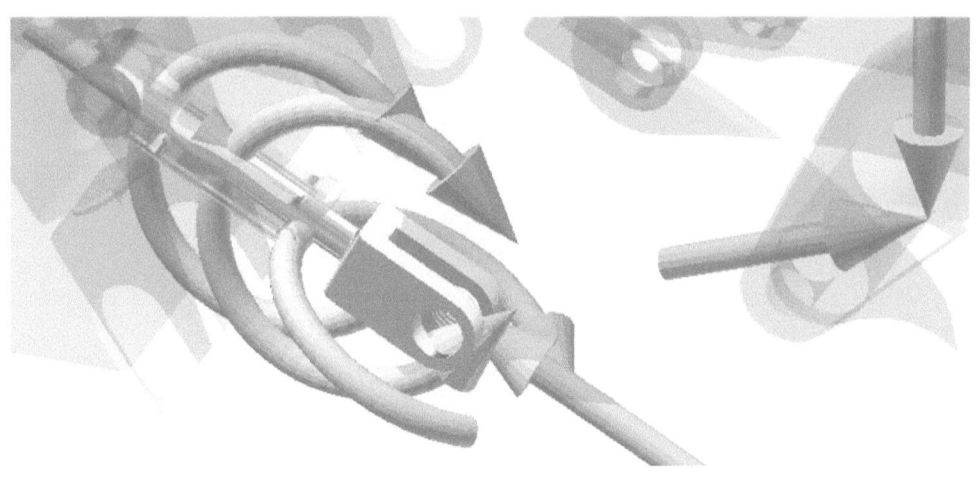

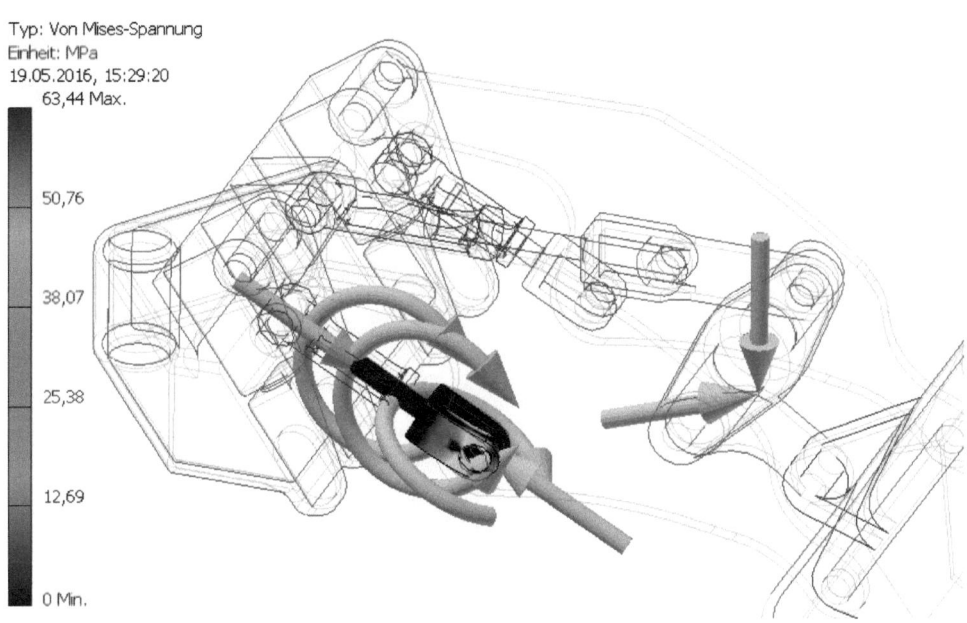

Typ: Von Mises-Spannung
Einheit: MPa
19.05.2016, 15:29:20
63,44 Max.
50,76
38,07
25,38
12,69
0 Min.

8 Schlusswort

Der Autor des Buches hofft, dass Sie bei der Arbeit mit dem Programm und dem Übungsprojekt viel Spaß hatten. Der Inhalt des Buches wurde sorgfältig geprüft. Leider können Fehler nicht ausgeschlossen werden.

Wenn Ihnen während der Arbeit mit dem Buch Fehler auffallen sollten, oder wenn Sie Ideen zur Verbesserung des Inhaltes haben, ist Ihnen der Autor für jeden Hinweis per E-Mail dankbar. Konstruktive Anmerkungen können jederzeit an:

- *schlieder@cad-trainings.de*

gesendet werden.

Vielen Dank.

9 INDEX

#

2D-Kontakt zwischen Schaufel und Bodenplatte erzeugen	68

A

Abhängigkeiten in Gelenkverbindungen konvertieren	42
Abrufen der aktuellen Modellinformationen	98
Aktivierung des Einzelbenutzerprojektes	31
Aktivierung des Einzelbenutzerprojektes	31
Aktivierung festgelegter Bewegungen	117
Aktivierung von Autodesk Inventor 2016	11
Anforderungen an das Betriebssystem	9
Anwendungsoptionen (empfohlene Einstellungen)	21
Arbeitsbereich	17
Ausführen der Simulation	45
Ausführen der Simulation	146
Ausführen und Aufzeichnen der Simulation	47
Ausführen und Aufzeichnen der Simulation	51
Ausführen und Aufzeichnen der Simulation	58
Ausführen und Aufzeichnen der Simulation	62
Ausführen und Aufzeichnen der Simulation	67
Ausführen und Aufzeichnen der Simulation	71
Ausführen und Aufzeichnen der Simulation	80
Ausführen und Aufzeichnen der Simulation	82
Ausführen und Aufzeichnen der Simulation	84
Ausführen und Aufzeichnen der Simulation	86
Ausführen und Aufzeichnen der Simulation	94
Ausführen und Aufzeichnen der Simulation	96
Ausführen und Aufzeichnen der Simulation	119
Ausführen und Aufzeichnen der Simulation	123
Ausführen und Aufzeichnen der Simulation	126
Ausführen und Aufzeichnen der Simulation	137
Ausführen und Aufzeichnen der Simulation	139
Ausgabediagramm	132
Ausrichten der Bodenplatte am Radlader	66

B

Bauteile und Flächen auswählen	141
Bearbeiten des Federsystems	74
Bearbeiten des Rollgelenk-Wirkungsgrades	85
Bearbeiten vorhandener 2D-Kontakte	70
Bearbeiten vorhandener Gelenke	57
Begrenzen der Hubbewegung	49
Begrenzen der Kippbewegung	52

D

Dämpfen der Hub- und Kippbewegungen	59
Dämpfen der Hubzylinder	59
Dämpfen des Kippzylinders	61
Dämpfungsparameter der Hubzylinder ändern	95
Dämpfungsparameter der Hubzylinder miteinander verknüpfen	91
Dämpfungsparameter des Kippzylinders ändern	94
Dämpfungsparameter des Kippzylinders mit Werten versehen	93
Das Lernprogramm	37
Definieren der Schwerkraft	46
Definition der Reibungskoeffizienten	63
Definition des Parameters Dämpfung (Hubzylinder)	88
Definition des Parameters Dämpfung (Kippzylinder)	87
Der Browser	41
Die Baugruppe im Überblick	34
Die Baugruppenumgebung und die Dynamische Simulation	36
Die Befehlsgruppen	39
Die Bodenplatte	65
DIE ERSTEN SCHRITTE	18
DIE MONTAGE DES RADLADERS IM BAUGRUPPENBEREICH	34
Die Normalfallbeschleunigung	46
Die Simulationseinstellungen	42
DIE UMGEBUNG DER DYNAMISCHEN SIMULATION	36
Download der Übungsdateien	31
Download des Programmes	9
Drehgelenke mit Reibungskoeffizient und Reibradius versehen	63

E

Einfügen eines 3D-Kontaktes	56
Einfügen eines Feder-Dämpfer-Systems	72
Einfügen eines Rollgelenks	83
Einfügen eines Schraubgelenks	78
Ergebnisse speichern und exportieren	135
Erstellen der neuen Simulation	144
Externe Kräfte	136

F

Festlegen der Grenzwerte für die Hubbewegung	49
Freiheitsgrade im Bereich der Baugruppenmodellierung	36
Freiheitsgrade im Bereich der Dynamischen Simulation	36

G

Gelenkkraft durch festgelegte Bewegung ersetzen	127
Gelenkverbindungen austauschen	114
Gelenkverbindungen durch Abhängigkeiten ersetzen	115
Gleichförmige Translation	118
Gleichmäßig beschleunigte Translation	120
Grundlagen Unbekannte Kraft	127
Grundlagen: 2D-Kontakt	68
Grundlagen: 3D-Kontakt	55
Grundlagen: Ausgabediagramm	132
Grundlagen: Dynamische Bauteilbewegung (manuelle Simulation)	44
Grundlagen: Feder/ Dämpfung/ Buchse	72
Grundlagen: Festgelegte Bewegung	117
Grundlagen: Gelenke in der Dynamischen Simulation	52
Grundlagen: Gelenkkraft	120
Grundlagen: Kraft und Drehmoment	136
Grundlagen: Rollgelenk Zylinder in Zylinder	83
Grundlagen: Schraube	77
Grundlagen: Simulationseinstellungen	42
Grundlagen: Simulationsergebnisse für FEM vorbereiten	139
Grundlagen: Simulationswiedergabe (automatische Simulation)	44
Grundlagen: Spur	138
Grundlagen: Status des Mechanismus	97

G

Grundlagen: Vereinfachtes Bauteil erstellen	106
GRUNDLEGENDE VORBEREITUNGEN	31
Grundlegender Aufbau der Dynamischen Simulation	37
GRUNDLEGENDES ZUM BUCH	7

H

Hauptmenü	14
Hubzylinder gleichmäßig beschleunigen	120
Hubzylinder mit konstanter Geschwindigkeit beaufschlagen	118
Hubzylinder ungleichmäßig beschleunigen	124

I

INSTALLATION VON AUTODESK INVENTOR 2016	8
Installation von Autodesk Inventor 2016	11
Installationsvoraussetzungen	10

K

Kontrollieren der Simulationseinstellungen	43
Korrektur vorhandener Redundanzen	102
Korrekturmöglichkeiten	102
Kraft im Hubzylinder unter Eigenlast ermitteln	132

L

Löschen überflüssiger Bauteile	103

M

Manuelle und automatische Simulation	44
Material zuweisen	145
Mechanismus und Redundanzen	97
Modellbaum (Browser)	16
Möglichkeiten in der Dynamischen Simulation	36
Multifunktionsleiste	15

O

Öffnen der Baugruppe	75
Öffnen der Baugruppe	81
Öffnen der Baugruppe	87
Öffnen der Baugruppendatei	35
Öffnen der Belastungsanalyse	143

P

Parameter in der Dynamischen Simulation	87
Platzieren des 2D-Kontaktes	69
Platzieren des Federsystems	73
Platzieren und Ausrichten der Bodenplatte	65
Positionieren der Sechskantmutter	76
Programmaufbau	13
PROGRAMMAUFBAU UND PROGRAMMOBERFLÄCHE	13
Programmhilfe und Neue Funktionen	18

R

Rollbewegung eines Rades	81

S

SCHLUSSWORT	148
Schnellzugriff-Werkzeuge	15
Schraubverbindungen	75
Simulation der exportierten Ergebnisse	143
Simulationsergebnisse nach FEM exportieren	139
Speichern einer Kopie der Baugruppe	97
Spur einfügen	138
Spuren	138
Startbildschirm	17
Starten der Dynamischen Simulation	37
Systemanforderungen	8

U

Überprüfung von Mechanismus und Redundanzen	105
Überprüfung von Mechanismus und Redundanzen	113
Überprüfung von Mechanismus und Redundanzen	114
Überprüfung von Mechanismus und Redundanzen	116
Unbekannte Kraft definieren und Simulation ausführen	129
Unbekannte Kräfte	127
Ungleichmäßig beschleunigte Translation	124

V

Vereinfache Komponente platzieren	109
Vereinfachen von Kipphebel, Kippschwinge und Schaufel	107
Videos und Lernprogramme	19

Z

Zeitschritte erzeugen	140
Zusätzliche Kräfte einfügen	136
Zusatzmodule (empfohlene Einstellungen)	20